오후엔 모두
남남이 되기로 해

오후엔 모두 남남이 되기로 해

1판 1쇄 인쇄 2025. 10. 30.
1판 1쇄 발행 2025. 11. 12.

지은이 오영은

발행인 박강휘
편집 김민경 | **디자인** 윤석진 | **마케팅** 김민준 | **홍보** 김예린
발행처 김영사
등록 1979년 5월 17일(제406-2003-036호)
주소 경기도 파주시 문발로 197(문발동) 우편번호 10881
전화 마케팅부 031)955-3100, 편집부 031)955-3200 | 팩스 031)955-3111

저작권자 ⓒ 오영은, 2025
이 책은 저작권법에 의해 보호를 받는 저작물이므로
저자와 출판사의 허락 없이 내용의 일부를 인용하거나 발췌하는 것을 금합니다.

값은 뒤표지에 있습니다.
ISBN 979-11-7332-387-4   03810

홈페이지 www.gimmyoung.com   블로그 blog.naver.com/gybook
인스타그램 instagram.com/gimmyoung   이메일 bestbook@gimmyoung.com

좋은 독자가 좋은 책을 만듭니다.
김영사는 독자 여러분의 의견에 항상 귀 기울이고 있습니다.

다정한 무관심이
필요한 순간

오후엔
모두
남남이
되기로
해

오영은 글·그림

김영사

목차

쌉쌀한 커피와 밀크 초콜릿	100	10
	자가 격리	14
	허세	18
(1)	집에서 일하는 사람	21
	간판도 없이	24
	그것이 문제로다	30
	솔직한 글쓰기의 딜레마	35
	포스트잇	38
	펠리컨 M200	41
	찰스 슐츠와 의자	46
	삼시세끼	51
	휴일에 대한 입장 차이	56
	아날로그 인간	58

레몬 케이크와 파자마	섭공호룡	66
	임대문의	71
	멋의 완성	76
(2)	새빨강	80
	장미꽃 한 다발	83
	헤어롤	87
	냉장고	91
	솔직함의 온도	96
	잘 먹는 사람의 특징	100

주름	102
도시락	107
검은 스타킹	114
외모에 대한 아주 사적인 생각	118
관록 있는 멋쟁이	121
자동 그라인더	125
물 절약 포스터	129

소파와 킥판

(3)

아이스크림콘	138
텃밭	141
코쿤캅	146
쇼츠 보기	150
나의 괴식	154
좋아하는 소리들	158
프로젝터	164
지인의 민박집	168
무장해제	175
수영 존엄	179
수영하는 하루	183

| 에필로그 | 188 |

(I)

쌉쌀한 커피와 밀크 초콜릿

하루가 다르게 기운이 내려갑니다
오늘은 부쩍 싱숭합니다.

요즘 내년 출간을 목표로 에세이 작업에 박차를 가하고 있습니다. (독자분들이 이 글을 읽으실 때쯤이면 저의 내년은 여러분의 올해가 되어 있겠군요.) 오늘도 어제와 같이 폭풍 작업을 하다 잠시 쉴 겸 홍차를 마시며 이메일을 살펴보았어요. 그런데 반년 전 계약을 했으나 회사 사정으로 무기한 연기되었던 교재 작업의 원고가 이메일 함에 딱! 도착해 있는 것이 아니겠어요? '아니, 이런 중차대한 시점에….' 에세이 원고 작업은 종일 몰입해야 하는 일이라 다른 작업과 병행하기가 쉽지 않아 고민되었습니다. '출판사 사정으로 일정이 변경되었던

것이니 정중히 양해를 구하고 고사해도 무리는 없겠지.'
마룻바닥에 몸을 뉘고 천장을 바라보았어요. 그리고
고민스러운 이 일을 하게 되면 받게 될 보상에 대해서
생각해 보았지요. '음, 화료가 대략 백만 원. 이 금액을 쓰지
않고 모은다면 훗날 든든한 비상금이나 목돈 마련을 위한
종잣돈이 될 수 있을 텐데….' 그러나 먼 훗날 일어날 일은
지금의 저에게 동기부여가 되지 않았습니다. 마치 짐을 더
싣기를 거부하는 고집 센 당나귀처럼요.

이런 자신을 달래보려 휴대폰 사진첩 속 〈좋아하는 것들〉의
폴더를 열어봅니다. 그 안에는 제법 묵직한 마음의 돌로
눌러놓은 미실현된 욕망이 있습니다. 어여쁜데 연약하면서
그 무게나 부피에 비해 값나가는 것들, 예를 들면 때 타기
쉬워 관리가 까다로운 모래색 스웨이드 재질의 운동화나
보송보송한 눈송이처럼 하얀 캐시미어 백 퍼센트 숄칼라
스웨터, 침대 옆 협탁 위에 올려놓고 자다가도 일어나 다시
켜보고 싶을 만큼 마뜩한 황동 조명이 있습니다.
이뿐 아니라 꽤 큰 비용을 지불해야 경험할 수 있는 재미난
활동들도 있지요. 먼저 수영 전용 시계를 산 다음, 송도
바닷가가 보인다는 부산의 유명한 스포츠 센터에서 원정
수영도 즐깁니다. 수영이 끝난 후 근처 식당에서 물회도 한

접시 한다면 금상첨화겠죠. 아니면 얼리버드 항공권을 사서 바다를 마주하는 큰 수영장이 있는 동남아 리조트를 잠깐 다녀올 수도 있고요. 눈 내리는 계절이라면 동네 원숭이도 즐긴다는 일본 온천욕은 어떨까 생각해 봅니다.

이런저런 즐거운 상상이 이어집니다. 문득 백만 원이란 돈의 가치가 입체적으로 다가오자 눈에서 영롱한 빛이 나고 입꼬리가 올라갑니다. 일하기 싫어 나온 입은 어느새 쑤욱 들어가고, 두 다리에도 힘이 솟아나 씩씩하게 책상으로 가 원고를 인쇄합니다. 아자, 아자!

작디작은데 따뜻한
고양이 발바닥 온기, 혹시 알아?

(자가격리)

마음먹은 대로 일이 술술 풀린다면 얼마나 좋을까요.

만사를 제쳐두고 며칠 동안 시간을 내어 분명 잘 쉰 것 같은데, 어쩐 일인지 일이 생각대로 진척되지 않습니다. 옛 고시생들은 시험에 낙방하면 농사지어 뒷바라지해 주시는 부모님을 뵐 낯이 없어 자발적으로 속세를 떠나 사찰로 공부하러 갔다지요. 저도 정해진 기한 내 작업을 끝내기 위해 외부로부터 저를 차단시켜 줄 공간이 필요합니다. 그곳이 어딜까요, 레드썬!

'띠리릭 —'

문을 열고 들어서니 맨 먼저 따뜻하게 데워진 공기가 저를
맞이합니다. 작업 도구가 담긴 짐가방을 창가 옆 넓은
책상 위에 내려놓고 의자에 앉아봅니다. 등과 엉덩이가
닿는 부분이 탱탱볼처럼 탄력 있는 메시 소재로 되어 있어
오랫동안 앉아 있어도 피로하지 않을 것 같습니다. 그다음,
잘 정돈된 침대 곁으로 가 흰 눈밭 같은 오리털 이불 위로
몸을 살짝 던져봅니다. 이집트산 고급 면의 보드라움은
하루하루 일에 지친 저의 육신을 편안히 쉬게 해주겠죠.

두 발을 뻗고도 남는 큼직한 욕조는 자기 전에 뭉친 근육을
풀어주고, 옷장에 걸린 큼직하고 두툼한 면 로브는 몸을
포근하게 감싸주어 작업복으로의 역할을 충실히 해줄
것 같습니다. 일의 능률을 높이기 위해서 짧은 낮잠은
필수적인데요, 한 줄기 실낱같은 빛도 허용치 않는 암막
커튼이 있어 든든합니다. 일에만 몰두하다 보면 생길 수
있는 정서적인 메마름을 경계해 벽면 한쪽에는 추상화가
걸려 있습니다. 작업 도구 이외의 개인 물건이 일절 없다는
것도 일에 집중하기에 좋은 조건입니다.
이보다 더 완벽할 수 없네요. 마지막으로 한 가지 더요.
식사는 아침과 저녁 두 번 뷔페식당을 이용할 수 있지요.

아, 이제야 제가 원하는 공간이 확실해졌네요. 5성급이면 좋겠지만, 아니어도 괜찮습니다. 이런 곳이라면 저 자신을 기꺼이 감금할 용의가 있거든요. 아주 매우!

(허 세)

여느 때처럼 기분 전환 차 카페에서 작업을 하고
있었습니다. 카페 한 편에서 여자들의 대화 소리가
들렸습니다. "그 애 좀 허세가 있어. SNS에 커피 든 사진을
올리면서 사진 초점은 핸들 위 자동차 마크에 있더라고."
"그치, 그 애가 좀 허세스러운 면이 있지. 비싼 걸 척척
사면서 자기는 가치 소비를 하는 사람이라고 하더라."
그들의 대화를 본의 아니게 경청하며 누구나 알게 모르게
허세가 있지 않을까 생각해 봅니다.

흠흠, 용기 내 말해본다면 저도 허세가 있습니다. 가끔

'그림을 쉽게 그리는 사람'으로 보이고 싶어 얼마 전 진행했던 그림 수업에서도 "손의 힘을 빼고 편안하게 그리면 누구나 자신만의 느낌을 살릴 수 있어요"라며 슥삭슥삭 여유롭게 시현을 해보였습니다. 하지만 사실은 수업 전날, 시현할 그림을 수십 차례 마음에 들 때까지 연습했습니다.

또 몇 주 전에는 인터뷰 촬영을 하게 되었는데 그림 시현 장면을 찍는다고 해서 전날 밤늦게까지 그림을 반복해 그려보았어요. '그림 잘 그리는 사람이라고 생각할 텐데, 많은 사람들이 보는 앞에서 실수하면 어떡하지.' 이런 생각이 드니 잠이 안 오더라고요. 저는 노력 없이도 타고나길 그림을 잘 그리는 사람으로 보이고 싶었던 것 같습니다.

저의 허세는 부끄럽게도 이것이 다가 아닙니다. 기왕에 하나 더 밝히자면, '여유로운 삶'을 부단히 추구합니다. 프리랜서라는 직업의 유일한 장점이라고 하면 어디에도 매이지 않는다는 것이지요. 매여 있지 않으니 원한다면 낮잠도 양껏 자고, 햇살 좋은 시간에 살랑살랑 산책도 즐기고, 시내 카페에 앉아 꽉 막힌 차량 행렬을 보며 커피를 홀짝일 수도 있고요.

하지만 모든 것에는 양면이 있는 법. 무한정 여유로움을 즐길 수는 없습니다. 한동안 일이 없어 주머니가 가벼워지면 동력을 잃은 오리배마냥 방향 없이 표류하는 기분에 마음이 편치 않거든요. 그럼에도 '내가 돈이 없지, 시간이 없나?'라는 마음가짐을 잃지 않고자 이 말을 되뇝니다. 이런 모습이 때론 가식적으로 보일 수 있겠지만, 그림 작가라는 직업에 걸맞게 그림을 항시 잘 그려야 한다는 부담감과 프리랜서라는 불안정한 직업이 주는 불안감을 진정시키는 저만의 방법이기도 합니다. 저는 메마른 도시라는 사막에서 자신을 지키기 위해 허세라는 갑옷을 두른 아르마딜로일지도 모르겠습니다.

(집에서 일하는 사람)

어느 정오 무렵, 책상 앞에 앉아 이번 주에 포스팅할 만화를 그리고 있었습니다. 띠롱! 친구의 메시지가 왔습니다.

일을 한다고 했는데도 재차 바쁘냐고 묻는 걸 보니 지금 만나고 싶어 하는 눈치입니다.

> 음, 아주 바쁘다기보단, 그냥 평소처럼 일하고 있지.

> 안 바쁘면 너네 집 근처에서 커피나 한잔하면 어떨까 해서.

> 아, 그랬구나. 근데 오늘 오후에 마감이 있어서 좀 어려울 것 같아. 미안한데, 담에 꼭 보자.

제가 하는 일은 분명하게 마감이 있는 주를 제외하곤 하루쯤 쉰다고 해서 크게 문제가 생기거나 누군가에게 질책을 받지 않습니다. 그렇기 때문에 일상을 계획대로 보내기란 생각만큼 쉽지 않습니다. 친구의 메시지를 받고 '잠시 콧바람 좀 쐴까?' 하고 흔들렸지만, 이내 마음을 다잡고 할 일이 있어 이번에 만나기가 어렵다는 사실과 만나지 못해 아쉽다는 마음을 최대한 담아 메시지를 보냈습니다.

이런 일은 친구 사이에서뿐 아니라 가족 사이에서도 일어납니다. 엄마에게 전화가 걸려오면,

"어디니? 집이니?"
"네, 집인데요."

"그럼 얼른 나와서 야채 좀 가져가라."
"지금요?"
"그래, 지금 당장!"

엄마는 제가 사는 아파트 옆 동에 살고 계시기 때문에, 재래시장에서 장을 보시다가 채소가 좋고 싸다며 제 것까지 더 사 오기도 하십니다. 한번은,

"지금 뭐하니?"
"저 지금 일하고 있는데요."
"당장 와라! 오징어전 식기 전에 당장 가져가라."
"나 지금 일, 뚜뚜뚜…."

한참 집중해 그림 구상의 실마리를 떠올리던 찰나, '당장' 오라는 엄마의 전화로 잡힐 듯 말 듯했던 생각이 허공으로 먼지처럼 사라집니다. 집에서 하는 일은 주변 사람들에게 존중받지 못할 때가 있는 것 같습니다. 회사에서 근무하는 사람에게는 지금 만나자든지, 당장 나오라든지 하는 전화는 하지 않을 테니까요. 이런 연유로 직장인으로 일해볼까 하는 생각을 할 때가 가끔 있습니다. 집에서 일하는 사람에 대한 인식 개선이 시급합니다. 휴휴.

(간판도 없이)

〈안녕하세요, ○○ 출판사입니다〉라는 제목으로 메일 한 통이 왔습니다. 출간을 앞둔 초등학생용 소설책에 그림을 그려줄 수 있느냐는 내용의 메일이었습니다. 저는 제 일정과 상황을 고려해 답장을 보냈고, 그 후 담당자와 그림에 관한 이야기, 일정 등의 내용을 두세 번 주고받았습니다. 서로가 원하는 계약 내용에 관해서는 만나서 조율하기로 했지요.
대개 출판사 관계자를 만날 때는 출판사를 직접 방문하기도 하고, 거리가 멀면 서로의 중간 지점에 있는 카페에서 만나기도 합니다. 이번에도 카페로 약속 장소를 잡을까

하다가 앞으로 협업할 수도 있는 출판사가 어떤 곳인지 궁금하기도 하고 바람도 쐴 겸 해서 멀지만 직접 방문해 보기로 했습니다.

도로가 막히지 않은 덕분에 차로 자유로를 달려 삼십 여분 만에 파주 출판단지에 다다랐습니다. 목적지에 도착하고 보니 그 주변은 온통 공터일 뿐, 출판사의 주소지에는 어떤 안내판도 없었습니다. 마침 공터 한 편에 몇몇 사람들이 담배를 피우고 있어 ○○출판사의 이름을 대며 혹시 아느냐고 물었지만, 그들은 아리송한 표정을 지으며 담배만 피웠습니다. 주변을 두리번거리다 하는 수 없이 출판사 담당자에게 전화를 걸었습니다. 그는 갑자기 병원 갈 일이 생겼다며 다른 직원이 마중 나갈 수 있도록 하겠다고 말했습니다. 전화를 끊고 잠시 기다리자, 그를 대신한 직원이 나타났고, 그의 안내로 출판사를 찾아갈 수 있었습니다.

"어서 오세요. 찾기 힘드셨죠? 출판사 대표 △△△입니다."

그는 자신을 소개한 후 출판사의 베스트셀러를 보여주며 이 책의 작가를 아는지, 또 제게 그림을 얼마나 그렸는지 물었고, 이십 년이라는 작가 경력에 비해 출간한 책이

많지 않은 것 같다는 등 이런저런 이야기를 쏟아냈습니다.
그렇게 한참 이야기를 나눈 후에야 본격적으로 계약에
관한 이야기를 할 수 있었습니다. 저는 매절 지급 방식으로
계약하고 싶다고 했더니 대표는 매절 지급이나 인세 지급
방식 모두 괜찮지만, 작가에게는 인세 지급 방식이 더
좋은 것 아니냐며 인세 지급 방식의 장점에 대해 자세하게
설명했습니다.

다년간 일러스트레이터로서 일해 온 경험으로, 잘 모르거나
아직 신뢰가 쌓이지 않은 출판사와는 매절로 계약한다는
저 나름의 기준을 차마 말할 수 없어서 긴 설명을 생략한
채 매절 계약을 선호한다고 했더니, 그는 매우 곤란하다는
표정을 지었습니다. 그러던 차에 병원에 다녀온다던
담당자가 들어오면서 이 이야기는 중단되었습니다.

담당 직원은 기다리게 해서 미안하다며, 출판사가 신간
홍보용으로 만들었던 문구류 굿즈와 이런저런 책을 봉투에
담아 주었습니다. 전 괜찮다며 몇 차례 사양했지만 지나친
사양도 실례인 것 같아 봉투를 받아 들고, 인세 계약에
대해서 다시 생각해 보겠다며 출판사 문을 나섰습니다.

몇 걸음 걷다 무심코 뒤돌아 보았습니다. 간판이 있을
법한 출판사의 문에는 간판 대신 A4용지에 출력된

출판사 이름이 투명 스카치테이프에 의지해 간신히 붙어 있었습니다. 안타깝게도 종이 한 면이 제대로 붙어 있지 못하고 바람에 흔들흔들 나부끼고 있었습니다. '떴다방인가….' 흩날리듯 위태롭게 매달려 있는 그 종이 간판을 몇 초간 바라보았습니다. '형식보다 본질이 중요하다'는 평소 생각은 사라지고 '형식은 본질을 담는 그릇'이란 생각이 들었습니다. '어쩌면 저 종이 간판은 초자연적 힘이 나에게 전하는 메시지일 수 있어.' 간판은 출판사의 정체성을 드러내는 출판사 대표의 의지와 그 표상인데 간판도 달지 못할 마음가짐이라면 함께 작업하면서 계속 불안할 것 같았습니다. 처음 만났는데 당당하게 자신을 소개하지 않고 이름 끝을 흐리는 사람처럼요. 아무리 감추려고 해도 실체는 언젠가 꼭 드러나기 마련이잖아요.

고요한 새벽, 타닥타닥 자판 소리가
방 안을 가득 채웠습니다.

(그것이 문제로다)

인스타그램 DM으로 일을 의뢰하고 싶다는 연락이 왔습니다. 의뢰인은 식자재 유통업을 운영하는 작은 회사의 대표라며 SNS에 올린 제 음식 그림이 맘에 든다 했지요. 그래서 전화 통화를 하게 되었고 업무 진행에 관해 구체적으로 이야기를 나누게 되었습니다. 그러다 이야기 말미에 화료를 어떻게 지급할 것인지 묻자, 그는 조심스레 말했습니다.

"음식 협찬으로 하면 어떨까요?"
"협찬이요?"
"네, 그렇습니다."

일러스트레이터로 일하면서 '협찬'이란 말을 처음
들었습니다. 이 말이 낯설면서도 연예인이 된 것 같아
기분이 묘해졌습니다. 방송을 보면 기업들이 연예인에게
자사 제품을 무료로 제공하고 현금 사례까지 하는 경우를
봐왔으니까요. 그런데 평범한 저에게 협찬이라니요. 저는
들뜬 마음에 다시 물었습니다.
그는 자신이 운영하는 식자재 마켓 사이트에서 물건을
구입할 수 있도록 그림값을 포인트로 제공하겠다고
했습니다. 그러면서 자신이 협찬을 해주겠다, 협찬을
제공한다는 말을 몇 차례 덧붙였습니다. '협찬'이라는 말이
나오기 전까지 그와 나눈 업무 이야기는 꽤 흥미로웠는데,
그의 부연 설명에 당혹스러워져 생각해 보겠다며 통화를
마쳤습니다.

'그럼 그렇지.' 연예인도 아닌 저에게 무료로 무언가를 제공할
리가 없는데 무의식중에 솔깃했던 저 자신을 책망하며
사전에서 '협찬'이라는 단어를 검색해 보았습니다. 협찬은
'힘을 합하여 도움' 또는 '어떤 일에 재정적으로 도움을
줌'이라고 나와 있었습니다. 그림을 그려주고 받는 대가와는
거리가 있는 용어였습니다. 뭐 용어는 그렇다고 치고,
의뢰인의 제안을 받아들일 경우를 생각해 보았습니다. 우선

포인트를 가지고 산지 직송의 신선한 달걀과 채소, 신선한 분홍빛의 탱탱한 저염 명란젓, 건강한 유기농 우리 밀 빵 등 좋은 품질의 먹거리를 얻을 수 있을 테니 제 건강을 보살필 수 있는 계기가 될 것은 틀림없어 보입니다. 최근 짜장면이나 프라이드 치킨처럼 자극적인 음식을 섭취한 탓에 건강이 염려되던 차였으니까요. 그래서였을까요? 생각할수록 그의 제안에 귀가 솔깃해졌습니다.

중대한 결정을 해야 할 때 마시려고 아껴둔 와인을 냉장고에서 꺼내 잔에 따른 후 홀짝거리며 현실의 상황도 살펴봅니다. 먹거리도 좋지만 오래 사용해 파 뿌리처럼 휘어진 전동 칫솔의 칫솔모 교체가 시급하고, 맥주 대용으로 즐겨 마시던 탄산수가 바닥나 구매를 해야 하는 참입니다. 또한 아토피로 건조한 손을 촉촉하게 보습해 줄 핸드크림도 다 떨어졌지요. '먹거리냐 생필품이냐 그것이 문제로다.'
와인을 다 마실 즈음, 처음 받는 제안이니만큼 그 '협찬'이라는 것을 받아볼까 했지만 그러지 않기로 결정했습니다. 아무래도 지금은 생필품이 우선이니까요.

자줏빛 열매가 차마 먹기 아까워
일단 사진을 찍어 두었습니다.

(솔직한 글쓰기의 딜레마)

'꾸준히' 글을 쓰자고 계획을 세웠으나 종종 꽉 막힐 때가
있습니다. 분명 하고 싶은 이야기가 있는데 어디서부터
얼마만큼 써야 할지 감이 잡히지 않아 막막해집니다. 글을
쓰려고 책상 앞에 앉을 때는 분명 의미 있는 이야기라
생각했는데, 무의식 중에 자기검열이 작동하기 시작합니다.
막상 쓰러니 하나 마나 한 이야기가 아닐까 걱정스런
마음도 들고요.
이런 생각이 꼬리에 꼬리를 물다 아무래도 도움이 필요하다
싶어 책장으로 갑니다. 그 순간, 아껴 먹으려 잘 싸두었으나
너무 잘 둔 나머지 까맣게 잊고 있던 초콜릿 같은 책이

눈에 들어옵니다. 그 책은 한국에서도 꽤 인지도가 있는
일본 만화가가 쓴 에세이로, 평소 우리가 간과하며 살고
있는 유의미한 감정을 재치 있게 이야기하고 있지요. 커피
한 잔과 함께 그의 에세이를 한참 읽다 레일 위를 신나게
달리던 기차가 급정거하듯 어떤 에피소드에서 멈추게
되었습니다. 어느 날 작가는 허영심이 발동하여 백화점에서
십구만 엔(우리 돈으로 약 이백오십만 원)짜리 코트를 충동
구매했으나, 이내 자신의 허영심과 사치스러움을 크게
자책하며 괴로워했다는 이야기였습니다.
이 글을 읽으면서 저는 마음이 불편해졌습니다. 그는 이미
수십 권의 책을 낸 유명 작가로, 책 중 일부는 일본에서
스테디셀러일 뿐 아니라, 해외에서도 출간되었고 영화로도
만들어졌지요. 이쯤 되면 경제적으로 안정된 작가라
할 수 있으니 이 정도는 감당할 만한 소비인 것 같은데
이렇게까지 자책할 필요가 있을까 싶었습니다.
'혹시 밝힐 수 없는 채무상태에 처해 있는 걸까?' '어쩌면
검소한 소비습관이 철저하게 몸에 밴 사람일 수도 있지.'
'아니면 독자에게 위화감을 줄 수도 있겠다 싶어 뒤로 한
걸음 물러난 걸까?' 이렇게 저렇게 그의 입장에서 생각해
보았지만 그가 쓴 글에서 그다운 솔직함을 느끼기가
어려웠습니다.

저도 글을 쓰거나 그림을 포스팅할 때 무언가를 자랑하려는 마음으로 한 건 아닌지, 은근한 과시의 기운은 없는지 늘 조심합니다. SNS 플랫폼에서 낯선 사람의 글을 읽다 과시가 느껴지면 부담스러우니까요. 손질하기 까다롭지만 고급스러운 맛이 일품인 민어처럼 '소비'라는 글감은 다루기 까탈스럽지만 한 사람의 삶의 방식과 태도를 그대로 보여주기에 안성맞춤인 것 같습니다. 어떻게 하면 재료 본연의 맛을 잘 살리는 노련한 요리사처럼 소비라는 소재를 솔직하게 표현하면서도 부담스럽지 않게 글을 쓸 수 있을까요. 좀처럼 가닥을 잡을 수 없는 진솔한 글쓰기의 무한굴레에 빠져드는 밤입니다.

(포스트잇)

책상 주변 여기저기에 붙은 형형색색의 색지 포스트잇 하면 떠오르는 드라마가 있습니다. 미국의 유명 드라마 시리즈 〈섹스 앤 더 시티〉인데요, 어느 날 주인공 캐리는 다정했던 애인에게서 이별의 메시지가 적힌 포스트잇을 받습니다. 캐리는 그 네모난 종이를 친구들에게 보여주며 화를 내지요. 그러자 친구들도 그의 분노에 공감하며 같이 언짢아합니다. 당시 저는 그들이 왜 화를 내는 것인지 아리송해하며 '애인이 갑자기 이별을 고해서 화가 났다 보다'라고 생각했어요. 그때는 지금보다 훨씬 물색없던 이십 대라 그 작은 종이 조각의 뉘앙스를 알아차리지

- 팜니토른 라면도 섭지 말 것!
- 머무는 곳을 항상 청결하게!
- 남대문 알 파문구
  - 만년필 카트리지
  - 수채화 잉크 (RAW SIENNA, COSMO BLUE)
- 다이소
  - 욕실 청소솔
  - 곰팡이 제거제
  - 빨래망
- 한강걷기
- 작업 일정
  3(수) 스케치
  29(월) 칼라

못했습니다. 네, 지금은 압니다. 손바닥만 한 포스트잇은 바람에 살랑이는 가벼운 몸짓으로 어딘가에 붙어 있다 떼어낼 때는 자국 하나 남지 않아 세상에 이보다 더 쿨할 순 없지만, 묵직한 이별의 메시지를 쓰기에는 한없이 가벼운 종이쪽지라는 것을요.

어쩌면 포스트잇을 발명한 사람은 해야 할 일, 사야 할 물품 목록, 가벼운 메시지 등 일상적인 것들을 기억하는 데 요긴하게 쓰이기를 바라며 만든 것일지 모릅니다. '오늘은 잊지 말고 꼭 구두 수선하러 가기' 같은 할 일 목록이나 '달걀, 치실, 들깨 소스' 등 마트 장보기 목록, 친구에게 선물할 생강청의 뚜껑에 붙일 '감기 조심해'라는 다정한 전갈 등.

책상 앞에 붙은 여러 장의 포스트잇은 오늘도 한 장 한 장 저의 삶을 구체화합니다. 제게 포스트잇은 아차 하면 놓치기 쉬운 도로의 이정표 같달까요.

(펠리컨 M200)

오래전에 읽었던 책이 생각나 책장을 살펴보았습니다.
그런데 책들의 상하, 좌우 사이사이까지 이것저것 끼워
두고 쌓아 두다 보니 어딘가 숨어 있을 '그 책'을 찾기가
쉽지 않았습니다. 책장은 마치 비버가 만든 댐처럼 언젠가
유용하길 바라거나 그저 사랑스럽거나, 마냥 귀엽거나 또는
앙증맞아 차마 버릴 수 없는 것들로 켜켜이 쌓여 대청소가
필요해 보였습니다. 여담이지만 예전에 비버에 관한 다큐를
본 적이 있는데, 비버 한 마리가 주변 나뭇가지를 주워다
쌓은 댐의 규모가 물길을 막아버릴 만큼 어마어마해 어쩔
수 없이 결국 다이너마이트로 폭파하더라고요. 하지만 저는

책장을 폭파할 수 없기에 스스로 정돈하게 되었습니다.
그래서 찾고 싶었던 책을 찾았냐고요? 흠흠, 노코멘트
하겠습니다.

그런데 의외의 수확이 있었습니다. 책장 한쪽에 있던
세필과 색연필 여러 자루를 꽂아 둔 노란색 머그잔에서 십
년 전에 쓰던 만년필을 발견하게 되었어요. 그 만년필은
'펠리컨 M200'이라는 이름을 가진 펜으로 저의 첫
만년필이었습니다. 반가운 마음에 이모저모 살펴보았지요.
그런데 아뿔싸. 만년필은 세파를 비껴가지 못한 듯
군데군데 흠이 나 있었고, 펜촉은 검정 잉크로 점점이
얼룩져 있었습니다. 만년필을 쓰지 않을 때는 세척해서
보관해야 했는데 그냥 둔 것이 화근이었지요.
물끄러미 만년필을 보다 결국 소 잃고 외양간 고치는
심정으로 얼른 물을 데웠습니다. 그러고는 흐르는 물에
펜촉을 씻은 뒤 조심스럽게 분해해 미지근한 물에 삼십 분
정도 담가두었습니다. 시간이 조금 지나자 펜을 담가둔
용기의 물은 까매졌고 그렇게 두어 번 더 따뜻한 물에
담구어 세척하고 나니 펜이 새것인 양 쓰윽쓰윽 부드럽게
잘 나갔습니다. 엉킨 생각도 논리 정연하게 술술 써질
것처럼요. 환골탈태한 만년필이라니, 예상치 않게 받게 된

선물 같아 기분이 절로 좋아졌습니다.

그런데 옥에 조금 큰 티가 있다면 한 가지, 만년필 뚜껑에 새긴 제 영문 이름이었습니다. 만년필을 주문할 당시 각인 서비스가 무료이기도 했고 만년필이라는 근사한 물건에 제 이름이 새겨질 것을 생각하니 뭔가 그럴듯해 보여 공짜로 주는 혜택을 덥석 붙잡고 말았어요. 십 년이 지난 지금, 부끄러움이 많아진 탓인지 아니면 조금 더 자기 객관화가 된 것인지 모르겠지만 검은 만년필 뚜껑에 황금색으로 각인된 이름을 볼 때마다 과도하게 자신을 드러내고 싶어 하는 사람이 된 것만 같아 마음 한구석이 불편해졌습니다. '나만 알아볼 수 있는 기호나 암호를 새겼으면 좋았을 텐데….' 각인된 이름에 자꾸만 눈길이 가니 뒤늦은 후회가 밀려옵니다.

'후회' 하니 며칠 전 유튜브에서 본 한 남자의 에피소드가 떠오릅니다. 그는 한쪽 팔에 여자친구의 얼굴을 새겼으나 그 여자친구와 헤어져 후회하고 있었습니다. 그 남자는 다행히도 레이저 시술로 옛 여자친구 얼굴을 지울 수 있었고 이야기는 해피엔딩으로 끝났지요.
만년필에는 레이저 시술을 할 수 없으니 제가 할 수 있는 노력을 기울여야겠습니다. 금색 안료로 각인된 이름에 손을

자주 갖다 대 그 색이 연해지도록요. 그러려면 지금보다
더 자주 부지런히 만년필을 사용해야겠습니다. 각인은
신중하게, 문신도 신중하게!

(찰스 슐츠와 의자)

멋진 사람을 보면 괜스레 따라 하고 싶은 마음이 듭니다. 그 사람이 입는 옷, 사용하는 도구, 살아가는 방식까지도요. 저는 미국의 만화가 찰스 먼로 슐츠$^{\text{Charles Monroe Schulz}}$를 좋아합니다. 아직까지도 사랑받는 캐릭터인 스누피와 찰리 브라운을 만들어낸 거장이지요. 그의 명작 〈피너츠^{Peanuts}〉 시리즈가 얼마나 멋진지는 저까지 나서서 말할 필요가 없겠지만, 그래도 한마디 덧붙이자면 그의 드로잉에는 간결함에서 오는 세련미가 있습니다. 또한 캐릭터들이 천진난만한 모습으로 나누는 대화 속에는 인생을 바라보는 깊은 통찰력이 느껴진달까요.

그리고 무엇보다 그가 진정 멋있다고 생각하는 이유는
따로 있습니다. 바로 생활 태도입니다. 슐츠는 하루도
빠지지 않고 매일 아침 책상에 앉아 꾸준하게 작업하는
것으로 유명합니다. 그가 가진 성실함이야말로 제가 제일
부러워하는 예술가의 재능이지요. 그는 신문에 만화를
연재하는 내내 문하생이나 이야기 구상 파트너 없이
스토리를 구성하고, 그림과 대사 작업을 모두 혼자서
했다고 합니다. 무려 오십 년 동안이나요!

창작을 시도해 본 사람이라면 매일 꾸준하게 무언가를
만든다는 것이 결코 쉽지 않다는 것을 잘 알 것입니다.
한번은 어떤 이의 여행 블로그에서 슐츠의 작업실 사진을
보았습니다. 그의 작업실은 미국 캘리포니아의 찰스 슐츠
박물관에 고스란히 재현되어 있었습니다. 작업실은
생각보다 작은 공간이었는데, 기울기가 조절되는 작업용
책상 하나와 일반 사무용 책상 그리고 자그마한 선반과
소파가 있었고, 벽에는 사진과 그림 액자 여러 개가
가지런히 걸려 있었습니다.
그런데 그 물건들 가운데 유독 눈에 들어온 것은 슐츠의
작업 의자였습니다. '어라, 저 의자 되게 좋아 보인다.'
나무 프레임으로 형태가 잘 잡힌 의자의 등받이와 좌판은

가죽으로 단단히 감싸져 있었고, 다리 끝에 바퀴가
달려 이 책상에서 저 책상으로 부드럽게 이동하기 좋아
보였습니다. 인체 형태를 고려한 듯한 등받이는 오래
앉아도 허리와 등을 감싸줄 듯 편안해 보였고, 가죽의
부드러운 촉감은 풀리지 않는 작업 때문에 날카로워진
신경을 부드럽게 무두질해 줄 것 같았습니다. 한마디로
슐츠의 의자는 단순한 가구라기보다 묵묵히 그의 작업을
돕는 믿음직스러운 동료 같았습니다.
'오랜 시간 동안 이뤄낸 슐츠의 성취는 모두 저 의자 덕분이
아닐까.' 의자의 매력에 푹 빠진 저는 저에게도 지지해
주고 응원해 주는 동료 같은 의자가 있다면 좋겠다고
생각했습니다. 지금 쓰고 있는 의자도 기능적으로 나무랄
데 없지만, 심미적으로나 정서적으로나 더욱 만족스러운
의자가 있으면 좋겠다는 생각이 저의 변덕스러움과
근원적인 물욕과 만나 힘차게 머릿속에서 맴돌기
시작했습니다. '혹시 요즘 작업에 집중이 안 되는 것도 의자
탓은 아닐까? 그러니 틈만 나면 냉장고로 가 기분전환용
주전부리를 찾게 되고 말이야. 그래, 작업을 제대로 하지
못한 근본 원인은 바로 의자 탓이었어.'
이런 말도 안 되는 생각을 하다 보니 어느새 의자는
제게 꽤 진지한 대상이 되어 있었습니다. 진정한 작가가

되려면 '찰스 슐츠의 의자'쯤은 갖춰야 한다는 정당성까지 스스로에게 부여하면서요.

정당성을 갖춘 과제는 신속하게 해결해야 합니다. 저는 그 어떤 일을 할 때보다 집중하여 인터넷 온라인 사이트와 오프라인 매장을 뒤진 결과, 결국 마음에 드는 의자를 찾아내고야 말았습니다. 유레카!
그래서 구입했냐고요? 아뇨, 아직 결제하지 못했습니다. 모든 것이 다 만족스럽습니다만, 선뜻 사지 못하고 한 달째 마음속 장바구니에 담아둔 상태입니다. 여러분도 짐작하셨겠지만 다름 아닌 의자의 가격 때문에요. 변덕스럽고 고집 센 제 물욕이 감당하기엔 꽤 묵직한 금액이었어요. 그 금액을 떠올리면 손과 발, 심장도 후들후들해집니다. 이럴 땐 찰스 슐츠가 꿈에라도 나타나 "에이, 그냥 사라구!"라고 지지해 준다면 참 좋을 텐데 말이지요.

(삼시세끼)

잘 알고 지내던 편집자와 책 작업을 하고 있습니다.
편집자가 제안한 일정을 보니, 바삐 채근하지도 않고
그렇다고 마냥 늘어지지도 않도록 잘 짜여 있더군요. 그의
세심함이 느껴졌습니다. 매달 다섯 편의 글과 그림을 쓰고
그리는 일정은 마치 정기적금을 붓는 것 같아 든든함과
안정감이 듭니다. 하지만 삶이 늘 그렇듯 계획대로 되는
일은 많지 않습니다. 두 주째 집중을 못 하고 있어요.
작업에 소홀했던 건 아니에요. 그런데 어찌 된 일인지 '이런
이야기를 써야지' 하고 생각하며 신나게 쓰기 시작하다
보면 어느샌가 용두사미가 되어 있거나, 이야기가 처음과

달리 산으로 올라가고 있었습니다. 작업에 대한 스트레스를 줄여볼 요량으로 옆에 놓인 리모컨을 들어 TV를 켰습니다. 마침 오래전에 방영했던 〈삼시세끼〉라는 예능 프로그램이 재방송 중이었습니다. 시험 전날에 보는 만화책이 유달리 더 재밌게 읽히는 것처럼 어느새 홀린 듯 시즌 전체를 다 보게 되었습니다.

여기서 멈추고 해야 할 본연의 일로 돌아갔어야 했는데…. 저는 보는 것에만 그치지 않았습니다. 두 출연자가 시골집 가마솥에 밥을 짓고 장작을 때며 요리하는 모습을 넋 놓고 보다, 결국 그들의 메뉴인 어묵 김치찌개와 계란말이를 만들어 먹었습니다. 이때라도 멈췄어야 했는데…. 저는 역시 멈추지 않았지요. 그동안 식탐을 금지했던 절제라는 봉인이 해제되자, 냉동실에 얼려둔 초콜릿 케이크 한 조각까지 호쾌하게 맛보고 달달한 믹스커피로 야무지게 마무리하고 나서야 만족감이 들었습니다.

부른 배는 필연적으로 잠을 부릅니다. 나른하고 든든한 상태로 뉘엿뉘엿 해가 질 때까지 고양이와 자다 보니, 글을 두어 줄 쓴 것 외에는 한 일이 없어 아차 싶었습니다. '작가님, 이번 주 금요일에 작업하신 그림 보내 주시는 거 맞죠? 확인차 문자 드립니다.' 업무에 관한 일정 확인 문자를 받으니 자괴감이 화룡점정을 찍습니다. 으아악!

어떤 일을 할 때보다 하고 난 후 느낌이 좋은 일이 진정 유익한 일이라고 합니다. 운동처럼요. 운동이 좋다는 건 잘 알지만 막상 하려면 꾀가 종종 납니다. 그럼에도 극기복례하면 그렇게 뿌듯할 수가 없지요. 본능에 충실하게 즐거움을 추구하여 먹고 마시는 하루를 보낸 후 '매일 매일 계획대로 모든 일을 할 수는 없는 것 아니겠어?' 하며 자기 합리화를 해봅니다. '오늘은 금일 휴업하듯 계획을 접고 푹 쉬었으니 내일은 일에 더 몰두할 수 있겠지' 하고요.
자신을 지나치게 다그치지도 않고 그렇다고 방만하게 방치하지도 않고 중심을 잘 잡고 살다 보면 그럭저럭 잘 사는 것이 아닐까 생각합니다. 긴 인생에서 낙심 금지!

균형 잡힌 삶이란 참 쉽지 않네요.

(휴일에 대한 입장 차이)

한 달에 두 번 토요일마다 친구와 커피타임을 합니다.
이날이면 친구는 회사에서 있었던 일, 아이와의 일상,
엄마들 모임에서 겪었던 일을 들려주고 저는 요즘 하고
있는 그림 작업과 소소한 일상을 털어놓습니다. 그날도
커피와 달콤한 케이크를 먹으며 이런저런 이야기를 나누다
친구는 캠핑을 예약했다며 들뜬 목소리로 말했습니다. "다음
주가 황금연휴잖아!" 모처럼 가족들과 야외로 나가게 되어
기대가 된다며 밝은 표정으로 말하는 그의 모습은 벌써부터
설렘으로 가득 차 보였습니다. 저는 커피를 한 모금 마시고
고개를 작게 끄덕였어요. "아, 다음 주가 긴 연휴구나?"

사실 프리랜서인 저에게는 탁상 달력에 표시된 마감 이튿날이 휴일입니다. 붉은 색으로 인쇄된 공휴일이나 대체 휴일에도 평상시와 다름없이 일하다 보니 국가 지정 공식 휴일에는 크게 감흥이 생기지 않는 것이지요. 공휴일에 카페에서 작업을 하다 보면 휴일을 보내는 사람들이 모여 삼삼오오 이야기꽃을 피웁니다. 그들의 생기발랄함이 부럽지만 거기에 동참할 수 없는 저는 소음 차단용 이어폰을 끼고 작업에 집중하려고 노력하지요. 하지만 생각보다 쉽지 않습니다. 저의 집중력은 접착력 떨어진 포스트잇마냥 나풀거리다 주변 사람들의 웃음소리에 파라랑 날아가 버리거든요.

일이 진척되지 않자 남 탓하는 심정이 되어 슬그머니 이런 생각이 듭니다. 사람들이 들뜬 마음을 가라앉히고 저처럼 일을 하러 갔으면 좋겠다고요. 네, 지구가 나를 중심으로 돈다고 생각하는 것처럼 자기중심적 사고라는 것을 잘 압니다. 당연히 이천만 명이 넘는 직장인들이 들으면 두 눈을 부릅뜨고 저를 노려보겠지요, 제가 직장인이라도 그럴 테니까요. 그저 친구를 부러워하며 저도 언젠가 느긋하게 연휴를 즐기면 좋겠다고 생각하면서 조용히 커피를 마셨습니다. 홀짝홀짝.

(아날로그 인간)

얼마 전에 태블릿 컴퓨터를 사러 매장에 갔습니다. 마음에 드는 사양의 제품을 고른 후 계산대에서 오만 원권 지폐 한 뭉치를 건넸습니다. 그러자 직원은 (약간 과장을 보태) 소스라치게 놀라며 잠시 기다리라는 말을 하고는 점장처럼 보이는 사람에게 다가가 저를 힐끗 봐가며 대화를 나누었습니다. 마치 현금 뭉치를 받아도 되는 건지 상의하는 듯한 모습에 저는 괜히 머쓱해졌습니다. 짤그락짤그락 소리를 내는 상평통보 한 꾸러미를 내민 것도 아닌데 말입니다.

이런 작은 소동 끝에 태블릿 컴퓨터를 받아 들고 매장을 나왔습니다. 마음을 진정시키려 같은 층에 있는 카페에 갔지요. 커피를 주문하고 만 원짜리 지폐를 내밀자, 직원은 "고객님, 저희는 현금 없는 매장입니다"라며 손사래를 칩니다. 지폐를 든 손이 부끄럽게 느껴졌습니다. 말없이 지갑 안의 카드를 꺼내 커피값을 치렀습니다. 두 번이나 비슷한 상황에 놓이다 보니, 내가 뭘 잘못한 건가 싶어 묘한 기분이 들었습니다.

마음을 진정하러 들어온 카페에서 마음이 더 요동칩니다. 고백하자면 물건값을 지불할 때 신용카드보다 현금 쓰는 것을 좋아합니다. 카드의 편리함은 잘 알고 있지만, 현금을 세어 건네주고 거스름돈을 받으며 경제 활동을 하고 있다는 느낌을 생생하게 받습니다. 돈 쓰는 맛이랄까요. 그래서 저는 약을 발라 잘 에이징한 가죽 반지갑과 안 쓸 때는 공기가 닿지 않게 꼼꼼히 싸둔 은 소재 머니클립, 뚜껑에 동전을 펼쳐놓고 셀 수 있는 동전 지갑을 소중히 여기며 쓰고 있습니다.

그런데 언젠가부터 현금을 내밀면 괜히 위축됩니다. 최근 한 유튜버는 편의점에서 일할 때 현금을 내미는 손님이 달갑지 않다고 합니다. 그 말을 들은 이후로는 물건을 살 때 "혹시 현금으로 내도 될까요?" 하고 미리 묻는 일이

잦아졌습니다. 생각해 보면 예전엔 카드보다 현금 결제를
더 선호하던 때도 있었는데 말이지요. 오, 이런. 세상이 너무
빨리 변합니다.

그런데, 생각해 보니 현금 결제만이 아닙니다. 사실 저는
전자책보다 한 장씩 사라락 넘겨보는 종이책을 좋아하고,
온라인에서 쇼핑을 하지만 기왕이면 만져보고, 뒤집어도
보고, 무게도 가늠해 보고, 냄새도 맡아볼 수 있는 오프라인
쇼핑을 좋아합니다. 앱으로 커피를 주문하는 것보다
공들여 줄을 서고, 그 시간 동안 설레는 마음으로 메뉴를
골라두었다가 드디어 제 차례가 되어 직원을 마주 보고
주문하는 저만의 소소한 인간교류를 즐깁니다. 이것 외에도
발소리조차 내지 않는 닌자 같은 조용한 전기 자동차보다
부릉부릉 진동이 온몸에 느껴지는 내연기관 자동차를 훨씬
좋아합니다.

커피를 마시며 세상이 천천히 변했으면 좋겠다고
생각합니다. 그런데 생각해 볼수록 말입니다.
어린아이들에게는 모빌이니 레고니 하며 감각을 자극해
열성적으로 두뇌를 발달시키려고 애쓰면서 우리
어른들에게는 그런 '감각의 수집 기회'를 점점 차단하는
것만 같아 아쉬운 마음이 듭니다. 어른에게도 정신을

풍요롭게 하는 감각 경험이 여전히 필요한데 말이지요.
효율만 생각하는 요즘, 이런 생각을 하니 불만이 차올라
성난 복어마냥 입이 부풀어 오릅니다.

(2)

레몬 케이크와 파자마

슬프든 슬프든, 쥐 쥐
사람 나는 대버가 돌았다.

(섭공호룡)

'섭공호룡'이라는 고사성어가 있습니다. 유래에 따르면 먼 옛날 초나라에 섭공이라는 사람이 있었는데 그는 용을 아주 좋아했다고 전해지지요. 그는 언제나 용이 수놓인 옷을 입고, 용이 그려진 잔으로 술을 마시고, 집 안 곳곳을 용으로 장식했습니다. 용을 향한 그의 사랑이 얼마나 대단했던지 그런 섭공의 이야기가 천상계에 사는 용의 귀에까지 닿게 되었고, 용은 그의 마음에 감동해 그를 만나러 직접 내려왔지요. 짜잔! 그런데 섭공은 반가워하기는커녕 집에 찾아온 용을 보고 너무 낯설고 무서운 마음에 뒤로 물러서다 주저앉고 말았다고 합니다.

그날 이후로 '섭공호룡'은 진짜 용을 보고 도망친 섭공을
빗대 '겉으로는 좋아하는 듯하지만 실제로는 좋아하지
않는다'는 말을 의미하게 되었다고 해요. 아마도 섭공은
용을 좋아했다기보다 겉으로 드러난 용의 이미지와 '용을
좋아하는 자신'의 모습을 좋아한 것 같습니다. 요즘 말을
빌려 말하자면, 범접하기 어려운 용의 강렬한 이미지가
섭공의 '추구미'였던 셈이지요.

섭공의 이야기는 마냥 남 이야기 같지 않습니다. 얼마
전부터 금요일마다 철학 강의를 듣고 있는데요, 이곳에는
저처럼 등 떠밀려서 오거나 자격증 취득 같은 목적을 갖고
오는 사람들이 아닌, 정말이지 공부 자체가 좋아서 오는
사람들이 대부분입니다. 저로선 사람들이 철학 공부를
한다는 것도 신기하지만 수업 내용을 재미있어하는 모습이
더 놀랍기만 합니다. 철학 공부 신참내기의 눈에 선생님과
호흡이 착착 맞는 그들을 보면 오래전부터 꾸준하게 이
수업을 들어온 것 같습니다. 그들은 그저 좋아서 공부하며
조용히 내면을 채우고 그 속에서 자존감을 키우는
사람들이랄까요. 옷차림은 수수한 듯하나 잘 에이징된
가죽가방을 들고 최고급 만년필과 문구에 진심인 이들이
모인 이곳은 살펴볼수록 흥미로우면서도 미스테리한
곳입니다.

불금의 약속보다 공부가 더 즐거워 보이는 이곳에서 특히 눈에 들어온 사람이 있습니다. 창가 두 번째 자리에 앉은 그는 멀리서도 눈에 띄는 인물입니다. 섬세한 세공이 돋보이는 크롬 하츠 안경을 끼고 금사가 들어간 트위드 재킷을 입고 있습니다. 뿐만 아니라, 잘 정돈된 손톱에 핑크색 매니큐어를 바르고 윤기가 도는 굽실굽실한 붉은 머리를 하고 있어요. 마치 우아하게 날개를 편 공작새처럼 화려한 모습입니다. 이곳의 풍경에서 단연 두드러지는 학생입니다. 그런 그는 수업 중 선생님의 질문에 적극적으로 대답하거나 자신의 의견을 거리낌없이 말하는 다른 이들과 달리, 선생님과 눈이 마주치면 서둘러 시선을 피하거나 선생님의 질문에 매우 곤란하다는 듯 손사래를 치곤 합니다. 가끔 멍하니 딴 곳을 바라보는 눈빛, 하품을 할 때 맺히는 눈물방울을 들키지 않으려 입을 꼭 가리는 그의 모습을 저는 매의 눈으로 놓치지 않고 봅니다.

"Real Recognize Real."
'진짜는 진짜를 알아본다'는 뜻이지요. 혹시 이분도 저처럼…. 그렇습니다. 눈치채셨겠지만 제가 그 섭공입니다. 저는 철학 수업에 가려 가방을 챙길 때면 고도의 사유가 넘실대는 철학책을 흐뭇한 기분으로

만지작거리고, 수업 중간 휴식시간이 되면 교실 뒤편에 놓인 과자를 한두 개씩 먹으면서 즐거워합니다. 그리고 그중 한 개를 꼭 챙겨 집으로 가져가곤 합니다. 애쓰며 공부했다는 보상의 마음으로요. 이런 저의 모습은 누가 봐도 섭공이겠지만 꾸준히 공부하다 보면 혹시 모를 일이지요, 나중에는 용 그 자체를 좋아할지도요. 하하.

(임대문의)

집 근처 버스 정류장에서 몇 발자국 떨어진 곳에 있는
작은 상점이 한동안 비어 있었습니다. 그 자리는 오래도록
부동산이 있던 곳이지요. 부동산이 한창 영업을 하던
때, 유리창에는 주변 아파트 구조와 시세, 임대조건 등
매물에 대한 정보가 붙어 있어 그 앞을 오가며 재미 삼아
구경하기도 했습니다. 그런데 부동산이 이사를 나가고도
벌써 몇 달째 '임대문의'라는 종이가 붙은 채로 건물 내부가
텅 비어 있는 것을 보니 경기침체가 체감되어 마음이 편치
않습니다. 그날도 그 앞을 지나다가 문득 이렇게 아쉬워만
할 게 아니라 이 자리에 어떤 가게가 들어오면 좋을지 기분

좋은 상상을 해보기로 했습니다.

음…. 우선 서너 평 정도의 아담한 공간이니 주방설비가 들어오는 식당은 어려울 것 같습니다. 오고가는 사람들이 많은 목 좋은 자리니 편의점이 괜찮지 않나 싶어요. 아무 때나 들러서 물을 한 병 사기도 좋고, 버스에서 내렸는데 갑자기 비라도 오면 긴급히 우산을 사기에도 안성맞춤이니까요. 아, 그런데 둘러보니 근처에 편의점이 이미 있네요. 동네 사람들에게는 선택지가 많아지는 것이니 편리하겠지만, 새로운 편의점이 생기면 기존 편의점과 경쟁하게 되니 서로가 울상이겠지요. 그렇다면 테이크 아웃을 주력으로 하는, 가격도 적당하고 아기자기하게 잘 꾸며진 카페는 어떨까요. 특별 메뉴로 달콤한 와플도 판다면 정말이지 좋은 향기가 마을 입구에 가득할 것 같습니다. 그리고 근처에 셀프 손 세차장도 있으니, 추운 날씨에 세차를 하며 따끈한 커피도 마시고, 몸도 녹일 수 있어 참 좋을 것 같습니다. 한여름에는 아이스 라테도 인기가 많겠지요.
그리고 또 뭐가 좋을까요. 가자주류백화점 같은 와인 상점도 좋을 것 같습니다. 저는 와인을 홀짝홀짝 마시는 것을 좋아해 사러 가곤 하는데요. 그럴 때면 언덕을 넘어

옆 동네로 가야 해서 아쉬웠는데, 우리 마을 입구에 예쁜 포도송이 간판이 있는 와인 가게가 있다면 마을 분위기가 한층 로맨틱해질 것 같습니다.

아, 로맨틱이라는 말이 나와서 말인데요. 그러고 보니, 최고로 로맨틱한 분위기가 나는 가게라면 바로 꽃가게 아닐까요. 맨스필드, 리시안셔스, 라넌큘러스 같은 예쁜 꽃들이 모여 있는 가게만큼 로맨틱한 공간이 있을까 싶습니다.

사람들은 길가에 가게 물건이 나와 있으면 눈살을 찌푸리기 마련인데 꽃가게는 다르잖아요. 꽃이 핀 화분이 내 갈 길을 조금 방해한다고 해도 생글거리는 아기가 유아차에 있는 모습처럼 사랑스러워 저도 모르게 미소를 짓게 됩니다. 이렇게 꽃은 마음을 환히 밝힐 뿐 아니라 그 향기도 다종 다양해서 꽃 앞에 서면 저절로 눈이 감기고 그 향에 취해 코를 벌름거리게 되죠. 아무래도 제 마음속 일 순위는 꽃가게로 정해진 것 같습니다.

그런데 아차차. 생각해 보니 지난 일 년 동안 꽃가게를 찾은 횟수가 편의점이나 카페, 와인 가게와는 비교할 수도 없이 적네요. 그런 처지에 언감생심 꽃가게를 바라다니 괜히 생기지도 않은 꽃가게에 미안한 마음이 듭니다. 이참에 대가 없이 좋은 환경을 누리려는 마음은 일소하고, 주전부리를 좀 줄여서라도 꽃가게의 단골이 되어야겠습니다. 으라차차, 꽃가게 만세!

（ 멋의 완성 ）

갑작스럽겠지만 여러분께 퀴즈를 하나 내보겠습니다. 후드 티에 베개를 안고 다니는 사람, 슬리퍼에 목베개를 두르고 걷는 사람, 잠옷 같은 운동복 차림에 선글라스를 쓰고 커피를 마시는 사람. 이들이 특별해 보이지 않는 공간은 어디일까요? 마침, 그들 사이로 양복을 차려입은 사람들도 보입니다. 짐작되시나요? 알쏭달쏭해 힌트가 더 필요하다고요? 좋습니다. 마지막 결정적 힌트를 드리자면 그곳은 안내 멘트가 자주 나오는 곳입니다. 그렇다면?

딩동댕, 공항입니다. 공항에는 격식을 갖춰 입은 사람도

꽤 있지만 세상의 모든 편안함을 갈망하는 듯한 복장을 한
사람도 많습니다. 날렵하게 양복을 차려입고 빠르게 걷는
사람을 보면 물 위를 야무지게 나는 제비처럼 비즈니스도
잘 해내겠구나 싶은 생각이 들고, 등에 배낭을 메고 세상
편한 차림에 한 손에 음료를 든 사람을 보면 몇 시간 후엔
따사로운 햇살 아래 태닝을 하겠다 싶어 저도 모르게 그들
틈에 끼고 싶어집니다.

사람들의 다양한 공항 차림을 떠올리다 보니 생각나는
사람이 있습니다. 몇 해 전 저는 태국의 수완나품
국제공항에서 영국행 비행기로 갈아타려고 환승 라운지에
앉아 있었어요. 그곳에는 다양한 국적, 인종의 사람들로
붐볐습니다. 그 많은 사람 중에서 제 눈을 잡아끈 한 사람이
있었지요. 그 사람은 화장기 없이 태닝한 듯 검게 그을린
피부에 하나로 말아 올린 머리를 하고, 돋보기를 쓴 채
큼직한 가방에 기대어 앉아 책을 읽고 있었습니다.
저는 조금 더 찬찬히 그녀를 바라보았습니다. 그녀는
통이 넓은 마 소재 바지에 단추를 서너 개 푼 셔츠를
입고 있었는데, 그 모습은 마치 멋과 편안함을 모두 아는
사람처럼 보였습니다. 발 모양에 맞게 길이 잘 들어 편안해
보이는 가죽 슬링백, 태어날 때부터 두 귀에 착 붙어 있던
것처럼 잘 어울리는 귀걸이 그리고 여러 개 겹쳐 낀 뱅글

팔찌는 스타일리시해 갖고 싶을 만큼 탐이 났습니다.
그가 사용하는 언어도 국적도 모르기에 한층 더 신비롭게
보였어요. 그는 장소에 어울리는 멋스러움이 무엇인지 아는
사람 같았습니다.
그 후 인상 깊은 그의 공항 패션에 영향을 받아 저도
이런저런 시도를 했습니다. '어느 곳에 있든 나만의 멋을
지키자'라는 생각으로요. 퍽 괜찮은 생각 같았습니다만,
한번은 멋을 잃지 않겠다며 지퍼 없이 무릎까지 덮는 롱
부츠를 신었다가 신발을 벗고 검색대를 통과하라는 공항
직원의 지시로, 한참을 낑낑대며 부츠를 벗어야 했습니다.
줄 서 있는 사람들 사이로 검색대 바구니에 부츠를 올려 둔
채 맨발로 서 있으려니 어찌나 부끄럽던지요.
또 한번은 제법 눈에 띄는 금속장식이 달린 벨트를 찼다가
역시 공항 직원의 강력한 요청으로 상의를 주섬주섬 들어
올려 마치 큰 칼을 뽑듯 벨트를 쭈욱 당겨 빼 바구니에
넣으며 민망해하기도 했지요. 차라리 고무줄 바지를
입었더라면 좋았을걸 하면서요. 멋을 놓치고 싶지도 않고
민망해지고 싶지도 않고, 기내에서 편안하게 쉬고 싶기도
합니다. 저는 아직도 멋스러움과 편안함 사이에서 헤매고
있습니다. 혹시 추천할 만한 공항 패션 아이템을 알고
계신다면 제게 귀띔해 주시겠어요, 소곤소곤.

(새빨강)

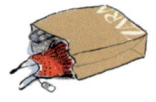

'구피'라는 이름을 가진 작은 물고기를 아시나요. 취미로 관상용 물고기를 기르는 친구가 새로운 구피를 들였다고 해서 간만에 친구도 만날 겸 친구네 집으로 놀러 갔습니다. 친구네 집 수조에 담긴 빨강빛의 물고기 구피는 붉은 드레스를 입은 무용수처럼 수초 사이를 가벼운 몸짓으로 미끄러지듯 우아하게 헤엄치고 있었습니다. 어항 위에 설치된 조명을 받아 한층 더 붉게 빛나는 구피를 보며 어릴 적 기억 속 빨간 드레스가 떠올랐습니다.

유치원 다닐 무렵이었으니 아마 대여섯 살쯤 되었을

겁니다. 당시 우리 가족은 잔디가 깔린 작은 마당이 있는 이층집에 살았는데, 부모님은 아래층 방을 나누어 세 가족에게 세를 놓았습니다. 그중 가장 작은 방에는 젊은 언니가 살고 있었지요. 그와 마주치는 일은 드물었지만, 그는 간혹 장을 보고 오다 집 마당에서 이런저런 놀이를 하며 놀던 저에게 아이스바 하나씩을 건네주곤 했습니다. 전 아이스바를 받아 들며 언니는 얼굴처럼 마음도 고운 사람이라고 생각했습니다.

그러던 어느 날, 여느 때처럼 마당에서 놀다 빨랫줄 사이로 눈길을 사로잡는 옷을 발견했습니다. 바람이 불 때마다 하늘하늘 흔들리는 그 옷은 햇빛을 받아 반짝였지요. 홀린 듯 가까이 다가가 자세히 보니, 옷에는 비즈가 촘촘히 달려 있었고 빛을 받아 눈이 부시게 빛나고 있었습니다. 그런데 특이하게도 한쪽 소매가 없는 것이 아니겠어요. 전 깜짝 놀라 '빨래하다가 뜯어진 건가' 싶어 어깨솔기를 살살 만져보았습니다. 그리고 나중에야 알게 되었어요. 그 옷의 주인은 언니였고, 언니는 방송국에서 일하는 무용수였다는 것을요. 그 옷은 무대 위에서 입는 공연복이었습니다.

강렬한 빨강색 옷감에 반짝이는 비즈가 달린 것만으로도 파격적인데 소매가 한 쪽만 있는 옷이라니. 그 드레스는 제가 최초로 경험한 아름다운 것이었습니다. 지금도 '아름다움'을 생각하면 그 드레스가 떠오릅니다. 그림 작업을 하면서 가끔 그 드레스처럼 아름다운 그림을 그려 사람들의 시선을 사로잡고 싶다는 마음이 듭니다만 그저 마음뿐일 때가 더 많은 것 같습니다. 좀 더 노력하면 언젠가 그 아름다움 자체에 이를 수 있으려나요.

(장미꽃 한 다발)

지금은 종영했지만 〈특종세상-그때 그 사람〉이라는
TV 프로그램을 즐겨 본 적이 있습니다. 이 프로그램은
한때 이름만 대면 알 만한 인물의 근황을 찾아 보여주는
프로그램인데 우연찮게 저만의 내적 친밀감이 있던 한
연예인 편을 보게 되었습니다. 그는 현재 장성한 아들과
딸 그리고 아내와 단란하게 살고 있었고, 한때 건강에
적신호가 켜졌으나 전화위복이 되어 지금은 가끔씩
무대에도 서고 있다고 했습니다. 그의 노년이 힘들어
보였다면 괜스레 마음이 착잡했을 텐데, 잘 지내는 모습을
보니 다행이라는 생각이 들었지요. 그리고 그와 얽힌 어린

시절의 작은 추억 하나가 떠올랐습니다.

여섯 살 즈음 어느 봄날이었습니다. 집 현관 앞에서 동네 친구와 소꿉놀이를 하고 있는데, 한 남자가 골목 어귀에서 두리번거리며 제 쪽으로 다가왔습니다. "꼬마야." 그는 하얀 이를 드러내며 서글서글하게 웃었습니다. 저를 부르곤, "혹시 이 집에 ○○언니가 사니?" 하고 물었습니다. 그는 한 여자를 찾고 있었고 그 이름은 저에게는 낯선 것이었습니다. 하지만 그의 얼굴은 왠지 낯설지가 않았습니다. 빨간 장미 꽃다발을 손에 든 그 남자는 어린 제 눈에도 번듯하게 잘생긴 사람이었어요. 이때 낯선 사람과 대화하는 저를 본 엄마는 어미 닭이 병아리를 보호하듯 마당에서 쏜살같이 대문 쪽으로 다가왔고, 저는 쫓기듯 집 안으로 들어가게 되었습니다.

그날 저녁 거실에서 이웃 아주머니들의 이야기를 엿들으며 알게 된 사실은 그 낯선 남자, 까무잡잡하게 그을린 듯한 얼굴을 하고 꽃다발을 든 그 남자는 당시 인기가 막 오르기 시작해 이름만 대면 다 아는 신예 가수였습니다. 그런 그가 찾아온 사람은 바로 작은방에 살던 무용수 언니였습니다. 빨간 장미 꽃다발을 든 연예인이 우리 집을 방문하다니 흥분되는 일이 아닐 수 없었지요. 그 당시

얼굴이 알려지던 스타였는데 말이에요. 유명세가 있으니 괜한 스캔들에 휘말릴까 염려해 더 조심할 법도 한데, 그날의 그는 연예인이기보다는 사랑을 찾아온 용감한 남자에 더 가까워 보였습니다. 그 이후 한동안 엄마와 이웃 아주머니들은 그들의 로맨스를 이야기하며 까르르 웃곤 했습니다. 그러면서도 거실 한편에서 그림책을 보고 있던 저를 의식했는지 어느 대목에서는 괜히 목소리를 낮춰가며 이야기를 이어가기도 했지요.

그 이후로 남자는 텔레비전에 종종 얼굴을 비췄고, 점점 인기가 올라 더 많은 무대에서 노래를 부르기 시작했습니다. 그가 텔레비전에 나오면 저는 한참 동안 그 자리에 멈춰 서서 노래 부르는 모습을 지켜보았습니다. 그의 환한 웃음을 보면 괜스레 반가운 마음이 들었고, '우리 집에 왔던 연예인'이라는 생각을 하면 왠지 모르게 뿌듯해졌습니다. 이런 뿌듯함은 친구들과 나누면 배가 되겠지만 어린 나이에도 연예인의 사생활은 왠지 퍼뜨리면 안 될 비밀 같아 그가 화면에 나올 때마다 혼자 조용히 웃곤 했습니다. 동네 친구들이 모르는 유명인의 비밀을 저 혼자만 알고 있으니까요, 쉿!

(헤어롤)

지하철에서 빈자리를 찾다 앞머리에 헤어롤을 말고 있는 이십 대 여성의 맞은편에 앉게 되었습니다. 그의 모습을 보고 있자니 자연스레 스무 살쯤의 제 모습도 떠올랐습니다. 그때 저는 앞머리를 동그랗게 만 뱅헤어를 하고 있었는데요, 저의 머리카락은 타고 난 직모라서 뱅헤어를 잘 유지하려면 매일 헤어롤을 말아야 했습니다. 말아보신 분은 아실 테지만, 이 일은 결코 쉬운 일이 아닙니다. 완벽한 둥근 형태가 매번 잘 나오는 게 아니어서 원하는 형태로 앞머리가 잘 말린 날에는 어찌나 기분이 좋은지 탄성이 나옵니다. 그날은 최고 미인이 된 것 같아 사람들을 대하는 태도마저 상냥해지곤 했습니다. 하지만 애석하게도 컬이 신통치 않은 날이 부지기수였습니다. 특히 장마철처럼 습기가 높은 날에는 헤어롤을 오래 말고 있어도 컬이 영 신통치 않았습니다. 축 늘어진 물미역마냥 볼품이 없었지요.

그때는 앞머리가 자존심의 표상이었습니다. 앞머리가 잘 말리지 않은 날에는 빈 강의실이나 도서관에서 헤어롤을 말고 있다가 약속 장소로 가곤 했습니다. 그런 노력에도 불구하고 '망한 앞머리'의 날이면 약속도 취소하고 얼른 집으로 가고만 싶어 휴대전화를 만지작거렸습니다. 초라한 헤어스타일을 한 채 친구를 만나느니 약속을 갑자기 취소했단 빈축을 사는 편이 더 낫다고 생각했지요. 저에게 있어 앞머리는 지속적인 관심과 보살핌의 대상이었습니다. 지금 제 앞에 앉은 여성도 그때의 제 마음과 비슷하려나요. 온통 앞머리 컬에 신경이 가 있을 겁니다. 마음에 드는 앞머리를 하고 자신 있게 누군가를 만나고 싶은 마음이 가득하겠지요. 하지만 그 누군가는 분명 지하철을 타고 있는 저를 포함한 사람들은 아닐 겁니다. 고등학생 때 교실에서 헤어롤을 말고 있는 저를 본 선생님께서, "그런 건 집에서 해야지, 쯧" 하며 한소리를

하셨을 때 '왜 그러시지?'라고 생각했는데, 지금은 선생님의
마음이 이해가 됩니다.
그때는 온 신경이 앞머리에 쏠려 공공장소와 사적인 공간을
구분하지 못한 것이지요. 그 나이대의 상큼함과 철없음이
살짝 부러워질 때쯤, 광화문역을 알리는 안내 방송에
자리에서 벌떡 일어났습니다.
젊음이여, 안녕.

(냉장고)

어느 날 친구를 집으로 초대했습니다. 저는 친구에게 해물전을 대접할 요량으로 밀가루를 여기저기에 묻힌 채 기름이 튀는 와중에도 열심히 전을 구웠습니다. 친구는 가만히 앉아 있기 어색했는지 도와주겠다며 남은 채소가 담긴 글라스락을 집어 들고 냉장고로 다가갔습니다. "다 쓴 재료는 넣어 둘까?" 순간 저는 멈칫했습니다. 누군가 저의 냉장고를 연다는 것에 순간 긴장했던 것 같아요. 저는 뒤집개를 든 손을 휘휘 저으며 말했습니다. "아냐, 아냐. 내가 할게. 손님은 그냥 편히 앉아 있어."

그날 저녁 잠자리에 누워 낮의 일을 떠올렸습니다.
'허둥지둥 냉장고를 막아선 내 모양새가 눈에 띄게
부자연스러워 보이진 않았을까, 친구가 냉장고 속이 꽤나
어지러운가 보다라고 생각하진 않았을까, 나는 어쩌자고
농구선수 데니스 로드맨이 철벽 수비하는 것마냥 냉장고를
사수했는가.' 눈을 감고 곰곰이 저의 냉장고 속을 떠올려
보았습니다.

냉장실 첫째 칸에는 글라스락에 담긴 이것저것과 시판
요거트, 직접 발효시킨 티베트 버섯 유산균, 달걀, 레몬청,
생와사비.

둘째 칸에는 창난젓, 플라스틱 사각 그릇 속 콩밥, 엄마가
해주신 시금치 무침, 눕혀 둔 와인 서너 병, 푸른곰팡이
치즈.

셋째 칸에는 삼 킬로그램짜리 사각통에 든 고추장, 오래된
김치 몇 종류.

그 아래 야채 칸은 늙어버린 당근과 파랗게 성이 난 감자
몇 개.

마지막 칸은 남편의 맥주와 탄산수들.

또 문 칸에는 들기름, 참기름, 우유, 먹다 남은 와인, 그 위 조그만 칸에는 치킨 무, 초고추장, 여러 종류의 소스, 먹다 남은 고양이 참치.

옆 냉동실에는 냉동 새우, 냉동 야채, 냉동 만두, 고춧가루, 카레 가루, 소포장 된 낫토, 커피 원두, 말린 홍삼, 먹다 남긴 아이스크림.

조목조목 나열해 보니 특별할 것 없는 평범한 냉장고입니다. 어쩌면 친구는 제 냉장고의 정돈 상태에 별로 관심이 없었을 수도 있습니다. '차라리 보여줄걸 그랬나. 아냐, 그러기엔 지나치게 사적이긴 하지.' 냉장고 속에는 숨겨진 저의 여러 모습이 자연스레 묻어 있습니다. 코를 찌르는 강한 향과 톡 쏘는 맛 때문에 꽁꽁 싸매둔 푸른곰팡이 치즈와 고급 스시집 느낌을 내보겠다며 가오리 가죽 강판에 한 번 갈아 쓰고는 귀한 산삼처럼 키친 타월에 싸둔 지 한 달이 넘은 생와사비는 호기심과 허영심의 표상인 것 같고, 오래되어 정체가 무엇인지 알 수 없는 가루가 담긴 유리그릇은 정신없이 사는 분주한 저의 일상을 보여주는 것만 같습니다.

어디 그뿐인가요. 한 번 더 짜 쓸 수 있을 것 같아 고이 남겨둔 레몬 껍데기와 쓰고 남은 치킨 소스는 드러내고 싶지 않은 저의 알뜰한 모습을 닮았습니다. 또 유청이 분리돼 실험실에서나 볼 법한 몰골의 유산균 병은 건강을 지키겠다는 저의 작심삼일을 그대로 보여주고, 유통기한이 지난 치킨 무들은 절제 없이 배달 음식을 시켜 먹은 저 자신을 여실히 드러내며, 스스로 잘 챙겨 먹고 사는 독립적인 사람이고 싶지만, 여전히 엄마와 언니에게 반찬을 얻어먹어야 균형 잡힌 식사가 가능한 제 모습도 담겨 있습니다.

다른 이에게 들키고 싶지 않은 모습은 누구나 있지 않을까요. 냉장고는 나의 부끄럽고 연약한 속살 같아서 특별할 것은 없지만 여전히 다른 사람에게 보여주기는 쉽지 않을 것 같습니다.

(솔직함의 온도)

매일 밤 자기 전에 세안을 꼼꼼히 합니다. 피부가 좋으면
화장에 크게 신경 쓰지 않아도 괜찮다고 생각하니까요.
그러려면 세수할 때 뜨거운 물과 찬물의 양을 적절하게
조절해야 합니다. 한때 모공 속 때를 완벽하게 씻어낼
요량으로 뜨거운 물로만 세안한 적이 있었는데, 욕심이
과했는지 피부가 늘어난 거 같기도 하고 얼굴이 화끈거려
얼음팩으로 그 열기를 가라앉혀야 했지요. 과유불급은 괜한
말이 아닌가 봅니다. 그날 이후로는 찬물을 적당히 섞어
적정 온도의 물로 세안합니다.
그런데 온도를 적절하게 조절해야 할 일은 비단 세숫물만이

아닌 것 같습니다. 타인과의 대화에서도 진심을 직접적으로
전달하려고 하다 보면 분위기가 어색해져 관계가
불편해지기 일쑤입니다. 마치 뜨거운 물로만 세안하는
것처럼요. 이럴 때는 나의 뜨거운 진심에 시원한 물 같은
완충의 말을 섞으면 좀 더 편안하고 부드러운 대화를 할 수
있습니다.

한번은 가을이 문턱까지 다가온 어느 날 새벽, 목도리를
두르고 수영장에 갔습니다. "어머, 올가을 들어 목도리
처음 보네요. 밖이 쌀쌀한가 봐요." 수영장 직원이 인사를
건넸습니다. 그의 인사에 저는 '한발 앞서 가을 패션을
즐기고 싶었어요'라고 속내를 말하고 싶었지만, 그가
패션에 관심이 없다면 어쩐지 어색한 정적이 흐를 것 같아
"네, 오늘 아침 날씨가 꽤 쌀쌀하네요"라고 대답했습니다.
또 한번은 통유리창에 예쁘게 전시된 옷에 이끌려 옷
가게에 들어간 적이 있었습니다. 아주 근사한 오이스터
색상의 스웨터를 골라 입어 보았지요. 크기도 잘 맞고 제가
가진 옷들과도 매치가 잘 될 것 같아 점원에게 가격을
물어봤어요. 하지만 예상보다 높은 가격에 '예쁘긴 한데
이 정도 가격만큼은 아닌 것 같네요'라고 솔직하게 말하고
싶었지만, 그 마음을 드러낼 수 없어 슬며시 벗으며 "마음에

듭니다. 음, 그런데 좀 더 생각해 볼게요"라고 말하고 얼른
상점을 나왔습니다.

최근에는 친구의 집에 초대를 받았습니다. 친구는 큰
새우와 아스파라거스를 듬뿍 넣은 파스타를 해주었지요.
눈을 크게 뜨고 칭찬을 기대하는 듯 맛을 묻는 친구에게
치킨 스톡이 씹혀 꽤 짜다고 사실대로 말할 수 없었습니다.
완벽한 맛이라는 찬사를 기대하는 친구에게 사실대로
말했다간 경직된 표정을 지으며 분명 실망할 테니까요.
그래서 저는 "간간하니 참 맛있네"라고 말해주었습니다.

그런데 이렇게 주의를 기울이는데도 솔직함의 온도 조절에
실패할 때가 있습니다. 몇 달 전 친구가 저와 일면식도 없는
자신의 지인들 이야기를 계속하길래 참지 못하고, "내가
모르는 사람 이야기 말고 네 이야기를 해봐. 그동안 어떻게
지냈어?"라고 말했어요. 그녀는 흥이 깨졌는지 웃음기를
거두고 몇 초간 말이 없었습니다. 역시 솔직함의 온도
조절은 쉽지 않은 것 같습니다. 앗, 뜨거워!

(잘 먹는 사람의 특징)

평소에 오물오물 씹는 걸 좋아합니다. 입안에 무언가를 넣고 씹으면 쉽게 긴장해 올라온 어깨가 슬며시 내려가 한결 편안해집니다. 마치 스트레스 덩어리가 잘게 부서져 뱃속으로 내려가 소화되는 것 같아요.
새벽에 눈을 뜨자마자 일을 시작할 때가 있는데, 그럴 때도 음식물을 씹으며 정신을 온전히 깨우기도 합니다. 물론 식성이 좋은 편인 것도 부정할 수 없습니다. 어린 시절에는 지난 잔칫날에 양껏 먹지 못한 것을 아쉬워하기도 했고, 지금도 가끔 누워서 멍하니 천장을 바라보며 말랑한 호박고지가 들어간 소머리떡, 겨울 별미인 말린 무청과

노란 호박을 넣은 시래기 찜, 원기 회복용 낙지 불고기 전골,
돼지고기와 채소를 잘게 다져 볶은 유니짜장면과 바삭하게
잘 지져 황금빛을 띤 도톰한 군만두(군만두를 유니짜장에
찍어 먹으면 일품이지요) 등 좋았던 음식을 추억할 때가 종종
있습니다.
저는 맛에도 큰 편견이 없는 편입니다. 어떤 비린 맛은
별미로 여기고, 누린내 나는 것도 그 나름의 개성이라
여기며, 질기거나 딱딱한 음식은 반복된 저작 활동으로
깊은 맛을 도출해 내고, 뜨거운 것은 호들갑스럽게
먹음으로써 즐거움을 만끽합니다. 식은 음식은
어떻냐고요? 온기가 사라진 음식은 뜨거울 때 미처 몰랐던
또 다른 깊은 맛을 찾아내며 행복해합니다.
이런 제 모습에 지나치게 먹성이 좋다며 혀를 내두르는
분이 있을지 모르겠습니다. 하지만 아시나요, 맛있는
음식에는 행복한 기억들이 켜켜이 쌓여 있다는 사실을요.
저에게 '먹는 일'이란 식탐을 부린다기보단 추억을
반추하는 시간 여행이랄까요, 에헴.

(주름)

오래 입어 몸의 흐름에 맞게 변형된 청바지 주름, 편하게 입고 앉아 엉덩이 주변에 잡힌 트렌치코트 주름, 소지품을 넣어 생긴 가방 주름, 목 부분이 늘어나 오글오글해진 니트 주름. 이런 주름은 제 몸에 맞게 자연스레 만들어진 세상에 단 하나뿐인 것입니다.

시간이 지나면서 만들어진 주름은 사용하는 이의 일상이 담기고, 그 일상은 한 사람의 고유함을 담고 있어 새것보다 깊은 맛이 있습니다. 그래서인지 자신의 몸에 잘 길든 옷을 입거나 가방을 든 사람이 곁을 지나가면 저도 모르게

돌아보게 됩니다. 오래되어 보이지만 관리가 잘된 물건을 사용하는 사람이라면 우아해 보이기까지 하지요.

그런데 말입니다, 아무래도 제가 이중 잣대를 가진 것 같습니다. 피부에 생기는 주름을 나만의 멋으로 여기면 좋을 텐데, 요즘 부쩍 주름의 개수가 늘어난 것 같아 이를 없앨 방법을 고민하며 인터넷으로 피부과 정보를 기웃거립니다. 혹시 젊음을 건강과 아름다움의 상징으로 여기고, 긍정적으로 보는 사회의 기준이 제 몸에 밴 것은 아닐까요.

TV를 켜면 나이보다 동안인 연예인이 출연해 피부과에서 받은 시술 정보를 알려 주고, 여기저기서 어려진다는 신묘한 화장품을 판매하기도 합니다. 그러니 안티에이징을 미덕으로 삼는 소비 지향 문화에서 하루하루 주름이 늘어가는 제 모습이 종종 초라해 보이는 건 어쩌면 당연한 것이겠지요.

저는 세태에 맞서 주관을 견지하는 심지 굳은 사람이 못 되는 것 같습니다. 하지만 한편으로 노화는 흠이 아니고 자연스러운 과정이라는 것을 기억하고 인정하자고 매번 다짐합니다. 주름도 결국 저의 일부이고 제가 살아온 모습이니까요.

마지막으로 연예인분들에게 당부하고 싶습니다.
자연스럽게 나이 먹는 모습을 있는 그대로 보여주면
좋겠습니다. 여러분은 안 그래도 원래 예쁘시잖아요!

타고난 식성과 운동은 제로섬 게임이
아닐런지요.

(도시락)

도시락을 좋아합니다. 학창시절의 가장 큰 즐거움이
도시락 먹는 시간이었을 만큼요. 친구들과 모여 점심
도시락을 먹던 기억은 지금도 생생합니다. 점심시간을
알리는 4교시 수업 종료종이 울리면 "와~" 하는 탄성과
함께 해방감이 가슴 속에 차오릅니다. 금쪽같은
점심시간을 조금도 낭비하고 싶지 않던 친구들과 저는
일사불란하게 책상을 붙입니다. 그리고 저마다 선물을
풀어보는 기분으로 도시락 반찬 뚜껑을 열며, '엄마는 오늘
어떤 반찬을 싸주셨을까?' 하고 콧노래를 부르지요. 하지만
저는 조심스러웠습니다. 딸 넷을 키운 엄마는 막내인 제

도시락을 쌀 즈음에 도시락 싸기의 달인이 되셨을 법도 한데, 반찬 뚜껑을 열면 반찬들이 이리저리 흐트러져 있는 날이 많았어요. 지금 생각해 보면, 십 년 넘게 매일같이 도시락을 싸는 일이 반복되니 얼마나 지치고 힘드셨을지 이해가 됩니다. 아무튼, 반찬 뚜껑을 열 때의 긴장감도 잠깐, 친구들이 싸 온 다양한 반찬을 나눠 먹는 재미가 그 시절 큰 행복 중 하나였습니다.

점심시간에 먹는 도시락은 학교생활의 활력소였습니다. 나희가 자주 싸 오던 윤기 나는 볶은 김치, 사은이가 싸 온 쪽파 듬뿍 넣은 오징어채 무침, 선아가 가져오던 참치캔과 큰 조미김, 혜리가 싸 온 입안이 화해지는 방아잎 지짐이, 김장철에 남이가 싸 온 오징어와 굴이 가득한 김치 보쌈…. 지금처럼 배달 음식이 다양하지 않고 외식을 자주 하지 않던 그때의 점심시간은 다양한 집밥을 경험하면서 맛에 대한 스펙트럼을 넓히는 시기였던 듯합니다. 요즘은 도시락을 싸 다닐 일이 거의 없어 그 시절이 그리울 때가 있습니다.
그래서인지 '도시락 싸기' 영상은 제가 가장 좋아하는 콘텐츠 중 하나입니다. 잘 싼 도시락은 시각과 미각을 모두 만족시켜야 하지요. 네모난 도시락통 안의 밥과 반찬은

김구이 　 진미채무침 　 오이지무침 　 콩나물무침

깻잎찜 　 계란말이 　 꼬마돈까스 　 콩자반

무말랭이 무침 　 스팸구이 　 메추리알 조림 　 방앗잎전

참치캔 　 김치볶음 　 두부조림 　 굴보쌈

꽈리고추 멸치볶음 　 줄줄이 비엔나 소세지구이 　 우엉조림 　 캔옥수수전

색감이 조화로워 도시락 뚜껑을 여는 순간 입에서 군침이
돌아야 하고, 식은 상태의 맛과 식감까지 고려해 함께 입에
넣고 씹었을 때 잘 어우러져야 합니다.

이렇게 까다로운 조건을 다 갖춘 도시락 영상을 보고
있으면 슬며시 입이 궁금해집니다. 배움엔 실천이 뒤따라야
하는 법! 도시락 콘텐츠를 참고해 저만의 도시락을
만듭니다. 똑같이 따라 만들면 좋겠지만 냉장고 사정상
있는 재료를 가지고 융통성을 발휘해 반찬을 만들지요.
그런 다음 도시락 전용 사각 유리그릇에 따뜻한 밥과 방금
만든 반찬을 넣고 뚜껑을 덮어 책상 옆에 놔두면 참으로
흐뭇합니다. 즐거웠던 점심시간의 추억도 떠오르고
앙증맞은 사각 용기 안에 밥과 반찬이 맞대어 꽉 끼어 있는
모습도 귀엽고 사랑스럽달까요?

한번은 어느 중학교에서 특별 미술 수업을 하고 나오는
길에, 김이 모락모락 나는 급식 주방을 지나며 이런 생각을
한 적이 있습니다. 요즘 학생들은 '점심시간에 도시락
까먹는 그 설레는 기분을 알까, 흐흐!'

"당신이 무엇을 먹는지 말하라, 그러면 당신이
어떤 사람인지 말해주겠소." 〈미식예찬〉 중에서
그걸 다 일일이 말씀드리기가 좀…

(검은 스타킹)

중학생이 되어 교복을 입으면서 처음으로 나일론 스타킹을 신게 되었어요. 그전까지 나일론 스타킹은 어른의 소품이었습니다. 엄마는 외출하기 전, 단정하게 옷을 차려입은 후 마무리로 서랍 속 검은 봉지에서 나일론 스타킹 한 켤레를 꺼내 신곤 하셨지요. 신고 나면 짙은 검은빛에 투명도가 더해져 살이 은은하게 비쳤는데, 그 모습이 무척 아름답게 느껴졌어요. 까슬까슬한 촉감이 낯설고 신기해 스타킹으로 감싸진 엄마의 발등을 살살 매만져 보곤 했습니다.

그랬던 제가 처음 스타킹을 신던 날, 막상 제가 신으려니

여간 낯선 게 아니었습니다. 얇고 납작하게 포장되어 있는 스타킹 한 쌍을 꺼내 한 짝씩 분리해 들고 조심조심 발을 넣은 후 두 손으로 찬찬히 당겨 올렸어요. 탄력적이고 매끄러운 나일론 스타킹이 피부에 착 — 하고 차갑게 달라붙는 감촉에서 투박한 어린이의 면 스타킹과는 비교도 안 되는 생경하면서도 기분 좋은 어른의 느낌을 받았습니다. 아마도 그날 어렴풋하게나마 스타킹이 가지는 아름다움에 대한 취향이 생겼던 것 같습니다.

하늘하늘한 원피스, 진주 목걸이, 새틴 펌프스 같은 섬세한 물건들이 그 주인공이지요. 하지만 그중에서도 스타킹이야말로 '성숙한 아름다움의 표상'이 아닐까 싶습니다. 스커트나 바지 끝으로 드러난 맨다리는 청순해 보이지만, 스타킹으로 한 겹 씌운 다리는 은은하게 매혹적입니다. 그 은은한 농도는 스타킹의 데니어^{denier} 지수가 높아질수록 짙어집니다. 10데니어는 얼핏 보면 스타킹을 안 신은 것처럼 다리가 투명하게 비칩니다. 영화 〈7년 만의 외출〉의 환풍구 위에 선 매릴린 먼로처럼 관능적이면서도 맑은 느낌이랄까요. 30데니어는 다리 윤곽에 검은빛이 돌아 시선을 사로잡습니다. 한때 인기가 높았던 드라마 〈사랑과 야망〉에 출현한 배우 한고은 씨처럼

눈길을 뗄 수 없는 도회적인 분위기가 나지요.
60데니어는 전체적으로 은은하게 검은빛이 돌아
때와 장소와 관계없이 전천후로 세련되게 신을 수
있습니다. 영화 〈인턴〉에서 일 잘하고 우아한 CEO, 앤
해서웨이처럼요. 100데니어는 살의 비침이 전혀 없어
검은색 레깅스와 친연성이 높습니다. 그 부드럽고 포근한
질감은 영화 〈어바웃 타임〉의 사랑스러운 여주인공 레이첼
맥아담스를 연상시키죠.
언젠가 은빛 머리 찰랑이는 노년의 여성이 되어서도
서랍장 한 편에 이런저런 스타킹을 두고 신고 싶은
마음입니다.

(외모에 대한 아주 사적인 생각)

외모가 준수한 사람은 크든 작든 혜택을 받는 것 같습니다. VIP 전용 할인 쿠폰이나 백화점 주차권처럼요. 그래서 가끔은 '잘생긴' 외모의 사람을 보면 부럽기도 합니다. 그런데 이런 생각을 바꾸게 된 계기가 있었습니다.

최근에 시청한 요리 경연 프로그램에서 이미 유명하거나 머지않아 유명세를 탈 것 같은 셰프들이 대거 출연해 요리 실력을 펼쳤지요. 어느 회차에서 누가 봐도 잘생긴 외모의 셰프가 등장해 자신의 요리 실력이 준수한 외모 탓에 평가절하된다며 선입견을 깨러 나왔다고 출연 동기를 밝혔습니다. 배우같이 잘생긴 외모의 요리사였습니다. 그의 도자기 같은 피부와 보디빌더 같은 근육질의 외형을 보며 그의 부지런함에 감탄하게 되었습니다. 그러다 문득 외모 관리에 시간을 할애하다 그만큼 요리 연구에 소홀하지 않을까 의문이 들었습니다.

그리고 다음 셰프가 등장했는데, 그는 다소 평범한 외모에 배가 도톰하게 나온 곰돌이 푸우 같은 또는 친근한 동네 아저씨 같은 후덕한 인상을 가진 사람이었습니다. 그 모습은 요리 이외의 일에는 일체 관심이 없이 오직 음식에 대한 무한한 애정을 가진 사람처럼 보였습니다. 자연스레 호감이 생겨 기회가 되면 그 셰프가 만든 음식을 맛보고 싶어졌어요.

이런 일은 또 있었습니다. 얼마 전 신촌에 있는 대학병원의 피부과를 예약하면서 전문의를 선택하려고 보니 전문의가 얼마나 많은지 머리가 어지러울 지경이었습니다. 한숨을 쉬며 그들의 경력과 세부 진료 항목을 살펴 보다가 자연스레 인상을 보게 되었습니다. '누가 나를 책임감 있게 잘 치료해 주려나. 음, 단단한 턱선과 굵은 목을 가진 전문의라면 체력이 좋을 테지. 그렇다면 인내심 있게 환자의 이야기를 잘 들어줄 테고. 작고 가는 눈매는 섬세한 수술은 물론이고 진료도 잘할 것 같은데, 물론 나는 수술이 필요 없지만⋯.' 결국 저만의 기준으로 훈남 의사가 아닌 두툼한 안경을 쓴, 한 치의 오차도 허용하지 않을 것 같은 작고 긴 눈매의 의사를 선택했습니다.

다행스럽게도 잘생긴 외모가 모든 분야에서 꼭 환영받는 것은 아닌 것 같습니다. 직업군에 어울리는 외모가 따로 있는 것 같기도 하고요. 이런 생각이 들자 괜스레 묘한 자신감이 솟아오릅니다. 종일 앉아서 작업하느라 걸을 때면 뒤뚱뒤뚱 걷는 어색한 걸음걸이, 왼손으로 그림을 그리다 보니 오른쪽에 비해 상대적으로 높게 솟은 왼쪽 어깨의 모양새, 장시간 낀 안경으로 콧잔등에 도장처럼 남은 안경 자국, 고개를 숙여 그림을 들여다보는 습관으로 생긴 가로 목주름쯤은 모두 기쁘게 받아들일 수 있겠다 싶습니다. 이 모든 것이 어느새 이십여 년 넘게 그림을 그려온 이의 '전문성'을 드러내는 훈장이니까요. 하하.

(관록 있는 멋쟁이)

패션잡지에 일러스트를 그리던 시절, 인연을 맺게 된 사람 중에는 멋쟁이들이 많았습니다. 그들은 잡지사에서 일을 하거나 그 분야의 관계자들이었지요. 그러다 보니 트렌드에 민감하게 반응할 뿐 아니라 자신의 취향이 분명해 특정 명품에 대한 호불호가 명확했습니다. 자신이 좋아하는 명품을 사는 데 몇 달에 걸쳐 모은 월급을 쾌척하는 그들은 분명 그들만의 세계가 존재하는 것 같았습니다.
이와 다르게 또 다른 방식의 멋쟁이들이 있습니다. 언뜻 보면 이들은 특별할 것 없는 평범한 티셔츠를 입은 것 같지만, 묘하게 그 사람만의 멋이 배어납니다. 차림새를

자세히 보면, 일반적인 셔츠에 달린 플라스틱 단추를 떼어내고 은은하게 자연스러운 빛이 나는 자개단추를 달았다든지, 구매 당시 부착된 신발 끈을 과감히 버리고 자신이 좋아하는 색이나 두께의 끈을 매기도 하고, 단순한 티셔츠를 빛내 줄 독특한 스카프나 양말 같은 소품으로 자신의 취향을 표현합니다. 보면 볼수록 은근하고 세련된 멋이 느껴지는 부류입니다. 어쩌면 멋이란 각자의 취향에 따라 너무도 다양하게 표현되어 우열을 가리는 것이 큰 의미가 없을지도 모릅니다.

그럼에도 가끔 누군가를 보며 '와, 진짜 멋쟁이다' 하고 감탄할 때가 있지요. 그 멋쟁이들이 결코 놓치지 않는 것 중 하나가 신발입니다. 멋쟁이가 되고 싶은 초보자는 착장 전반에 신경을 쓰느라 미처 발끝까지 신경 쓸 여력이 되지 않아 적당한 신발을 고르는 데 그치지만, 멋쟁이들은 다릅니다. 그들은 옷 전체에 신발이 스며들도록 섬세하게 계산해 신습니다. 멋 부림의 세계에서 방귀 좀 뀐 관록자라면 이를 놓치지 않고 알아볼 수 있지요.

관록까지 바라진 않지만 소소한 멋쟁이가 되고 싶은 저는 신발에 관심이 많습니다. 하지만 마음에 드는 신발은 가격이 만만치 않아 그 값을 지불하겠다는 큰마음을 먹어야 합니다. 지금 제 신발장 맨 윗칸에는 한때 편안함과

무관하게 예쁜 것에만 혹해 산 신발들이 놓여 있고, 손이
닿을 만한 중간 칸에는 적당히 무난한 신발들이 자리하고
있습니다. 그리고 맨 아래 칸은 큰마음으로 모셔올 신발이
자리할 곳으로 아직 비어 있습니다.
언젠가 그 자리를 빛내줄 신발을 데려오려 쌈짓돈을 모으며
좋아하는 신발 브랜드 사이트를 방문하고, 전문적으로
신발을 소개하는 유튜브 채널도 틈틈이 살펴봅니다.
그뿐 아니라 지인과 약속이 있는 날이면 약속 시간보다
한두 시간 전에 집을 나서 신발 매장을 둘러보며 실물을
살펴봅니다. 이 정도면 저도 준비된 미래의 멋쟁이가
아닐까요. 헴헴.

(자동 그라인더)

집에서 일할 때가 많다 보니 식사 시간이 되면 최대한
간편하게 일 인분의 음식을 휘리릭 만듭니다. 어떤
음식을 하든 꼭 빠지지 않는 메뉴는 바로 달걀 프라이.
프라이팬 위에 기름을 두르고, 팬이 적당히 달구어져
기름이 타닥타닥 소리를 낼 때쯤 달걀을 톡 깨트려 줍니다.
그러면 달걀은 치르르 떨며 고소하게 익어가지요. 대부분
소금으로 간을 맞춘 뒤 마무리하지만, 저는 후추를 뿌려
마무리합니다.
제가 쓰는 후추는 코스트코에서 산 커클랜드 후추로,
투명한 플라스틱 통 윗부분에 수동 그라인더가 달려

있어서 매번 신선한 후추 향을 맛볼 수 있어요. 한 손으로 통을 뒤집어 잡고, 다른 손으로 힘주어 그라인더를 돌리면, 후추가 우두둑우두둑 갈리면서 알싸한 이국적인 향을 풍깁니다. 막 부서진 후추 알갱이들이 달걀 프라이 위에 톡톡 떨어지면, 그 모습이 빨강머리 앤의 주근깨마냥 귀여워 후추를 가는 수고로움을 잊기에 충분하지요.
그런데 어느 날 낯선 경험을 하게 되었습니다. 그날도 달걀 프라이를 하려 인덕션 앞에 섰는데, 며칠 전 남편이 구입한 소금과 후추통이 눈에 들어오는 것이 아니겠어요. 좁고 긴 원기둥 형태의 자동 그라인더가 장착되어 있는 신문물이라니. 신문물을 조심스레 관찰하는 침팬지처럼 저는 자동 그라인더를 들어 천천히 살펴보았습니다. 상단에 튀어나온 버튼을 가볍게 누르자, 자그르르 소리를 내며 곱게 갈린 후추가 주방 선반 위로 떨어집니다. '어머, 힘 하나 들이지 않고 원터치로 후추가 갈리다니!' 그런데 이렇게 쉽게 결과물을 얻을 수 있다는 것이 마음에 들지 않았습니다. '편리한 게 다가 아니야. 커피콩을 직접 갈고 커피를 내리는 과정처럼, 묵직한 그라인더를 손으로 돌려 후추를 가루 내며 경험하는 감각적 즐거움은 절대 대체될 수 없지.' 저는 원래 쓰던 수동 그라인더를 꺼내 달걀 프라이를 만들었습니다.

그리고 얼마 후 엄마 생신날이 되었습니다. 이날이
되면 엄마 집에서 언니들과 음식 준비를 합니다. 이번
생신상에는 쇠고기 낙지 전골, 샐러드, 잡채를 차리기로
했고 저는 잡채를 담당했지요. 불려 놓은 당면을 삶으면서
당근, 오이, 표고버섯, 느타리버섯, 양파 등의 야채를 따로
볶아야 합니다. 정해진 시간 안에 음식을 완성하려니
마음만 바쁜 것이 아니라 실제로 손이 모자라 고양이
손이라도 빌리고 싶어졌습니다. 그러자 자연스레 자동
그라인더가 떠올랐지요. 자글자글 자그르르~ '그렇지,
이렇게 바쁠 때 자동 그라인더를 쓰면 얼마나 편할까.'
모든 것이 빠르게 자동화되다 보니 중간 과정이 생략돼
오감으로 경험하는 기회가 사라지는 건 아닌가 하는 염려를
해봅니다. 행복은 거창한 것이 아닌, 일상에서 오감으로
받아들이는 긍정적 경험이라 한 어느 심리학자의 말에
동의하니까요. 그러면서도 자동화라는 빠른 물결을 타지
못한 채 갈라파고스섬의 새가 되는 건 아닐까 하는 생각을
하며 잡채를 완성했지요. 꼬리에 꼬리를 무는 생각 끝에
완성된 잡채, 과연 어떤 맛일까요. 하하, 비밀입니다.

달달한 믹스커피는 긴장을 풀어주고
마음을 편안하게 해줍니다.

(물 절약 포스터)

한번은 늦잠을 자 서둘러 수영장에 가느라 오리발을
깜박하고 말았습니다. 그날은 일주일에 한 번, 오리발을
끼고 수영 강습을 받는 날이었지요. '이를 어째…. 에이,
하는 수 없지.'
아쉬운 마음을 내려놓고 수업을 받는 레인에 들어가
맨발로 맨 뒤에 줄을 섰습니다. 그래도 한번 해보자는
마음으로 오리발을 낀 채 힘차게 물살을 가르는 앞 사람의
박자에 맞춰 호기롭게 오리발 없이 출발했지요. 얼마나
갔을까요. 역시나 오리발 낀 사람을 도저히 따라갈 수
없었습니다. 아무리 애를 써도 인력거가 스포츠카를

추격하는 격이라 결국 십여 분 만에 머리를 절레절레 흔들며 물 밖으로 나왔습니다. '뭐, 이런 날도 있지. 그래, 오늘은 여기까지야'라고 마음을 정하니 가쁜 호흡과 다급했던 마음에도 슬며시 여유가 생겨 수영하는 사람들을 구경하고 복도 여기저기를 살펴보았습니다. 어느새 가벼워진 발걸음으로 살랑살랑 샤워실로 향했습니다. 샤워실에 거의 다다랐을 즈음, 벽면에 붙어 있는 포스터 두 장이 눈에 들어왔습니다. 그리고 포스터 문구가 제 걸음을 붙잡았습니다.

「제발 부탁드립니다.
샤워장 물도 내 집처럼 아껴 씁시다.」

「수영장 물, 돈이라면 버리시겠습니까?
센터 운영이 어렵습니다.」

수영장 회원들에게 물 절약을 당부하는 내용이었습니다. 매달 수영장을 등록하는 일에만 관심이 있었지, 수자원 절약에 대해서는 별다른 의식을 하지 못했구나 생각하니 아차 싶었어요. 이제 '돈을 물 쓰듯이 한다'는 말은 옛말이 된 것 같았습니다. 그러면서 '제발' 부탁한다는 묵직한 표현을

보니 문화센터의 재정 상태가 많이 안 좋은가 싶어 마음
한켠이 무거워졌습니다.

'아 다르고 어 다르다는 말처럼 이왕이면 이용자들이
유쾌하게 수긍할 만한 문구면 좋았을 텐데⋯.' 이런
생각으로 잠시 포스터 앞에 서 있다보니 몸이 으슬으슬해져
샤워실로 걸음을 옮겼습니다. 그러고는 샤워를 하면서도
포스터 문구를 생각했습니다. 한번 무언가에 생각이
꽂히면 좀처럼 그 주제에서 벗어나기 쉽지 않네요.
몸에 비누칠을 하면서도, 옷을 입고 나와 주차장으로
걸어가면서도, 집에 도착해서도 고민합니다. 그러다 밥을
먹고 쉴 겸, 휴대전화를 열어 쇼츠를 보았습니다. 그런데
빠르게 지나가는 한 영상에 스친 문구가 눈을 사로잡는 게
아니겠어요.

'그렇게 바쁘면 어제 오지 그랬슈!'

충청도의 어느 도롯가에 걸린 현수막이었는데, 처음에는
무슨 말인지 어리둥절해하다, 번뜩 스친 의미에 저도
모르게 입꼬리가 올라갔습니다. 과속이 빈번하게 일어나는
도로에서 운전자들에게 '과속하지 마세요'라는 딱딱하고
평범한 계도의 말 대신, 진의가 모호한 듯 돌려 말하는

충청도 사람들의 표현은 위트와 풍자가 있어 곱씹을수록 유쾌해집니다.

그러다 수영장 포스터 문구도 충청도식 화법처럼 에둘러 말하면 어떨까 싶었습니다. '오늘만 쓰고 내일은 안 쓸겨? 있을 때 애껴 써유~' 또는, '구 예산은 빠듯한데 수도비는 감당 안 되고, 이러다가 수영장 문 닫는 거 아닌가 몰러어.'

(3)

소파와 킥판

뜬 것은 쓰레받이요,
그 아래 기게 펼쳐진 검정은 앞바당이요,
바당에 떠는 거리는 야간드라 아웨베기.

(아이스크림콘)

흐린 날씨 탓일까요. 마음에 구름이 낀 것 같아 편의점에 들러 아이스크림콘을 샀습니다. 아이스크림콘을 한 손에 들고 집 앞 놀이터 그네에 앉아 아이스크림을 살살 핥아도 먹고, 한입 베어 먹기도 하다 보니 어느새 마음에 낀 구름이 아이스크림 녹듯 녹아내립니다. 정말이지 아이스크림콘에는 특별함이 있는 것 같습니다. 심지어 아이스크림콘을 들고 있으면 험상궂게 생긴 사람일지라도 단박에 무해하고 귀여운 사람으로 보이게 합니다. 마치 로맨틱한 마법 같달까요.

아이스크림콘의 마력은 또 있습니다. 아이스크림콘을

집어 든 순간부터 물아일체 되어 손에서 콘을 떼어놓지
못하게 됩니다. 형태가 원뿔 모양이라 빗살무늬 토기처럼
모래사장에 꽂아 두지 않는 한 아이스크림콘을 세워 둘
방법은 없지요. 그래서 아이스크림 가게에서도 스테인리스
콘 홀더를 이용해 손님에게 아이스크림콘을 건넵니다.
하지만 콘 홀더가 없는 우리는 자칫 방심하면 콘을 든 손의
균형을 잃어 콘에서 아이스크림이 뚝 떨어질 수도 있기에
콘을 손에 든 이상 어쩔 수 없이 신경 써 잘 들고 있어야
합니다.

지난여름 대학로에서 친구와 아이스크림콘을 산 뒤
마로니에 공원 벤치에 앉았습니다. 우리는 수다의 즐거움과
함께 아이스크림의 달콤함까지 누려보고자 했지요. 하지만
무리였나 봅니다. 종이 뚜껑을 떼고 한 입 먹었을 뿐인데
그때부터 아이스크림이 줄줄 흘러내리는 바람에 손에
묻은 아이스크림을 닦느라, 또 빠르게 녹는 아이스크림을
핥아먹느라 이야기는커녕 말문조차 열 수 없었습니다.
문득 아이스크림콘을 먹는 자세로 순간순간을 집중하며
살면 인생이 얼마나 충만할까 생각해 봅니다. 영화를
보다가도 이야기 전개가 느리다 싶으면 그새를 못 참고
휴대전화를 집어 새로 온 메시지는 없는지 확인하고, 안마

의자에 누워 마사지를 받는 중에도 휴대전화로 게임을 하고, 양치를 하면서도 쇼츠를 봅니다. 동시에 두 가지를 한다는 것은 얼핏 보면 뛰어난 능력 같지만 실상 어느 하나에도 몰입하지 못하는 것은 아닐까 싶습니다. 한 가지에도 충실하지 못하니 특별히 기억나는 일과가 없는 셈이지요. 인생은 기억의 집합이라는 말에 동의하는 만큼, 기억되는 삶을 살아야겠다고 아이스크림콘을 먹으면서 생각해 봅니다.

(텃밭)

울적한 기분이 들 때면 옆 동네 공원으로 산책을 갑니다.
늘어선 아파트와 상가건물을 지나 공원에 들어서면
초록 언덕 위로 나무숲과 호수, 호수에 비치는 나무
그림자와 버드나무 아래의 그네가 파노라마처럼 눈
앞에 펼쳐집니다. 그리고 그 틈으로 한가롭게 강아지와
산책하는 사람, 파워워킹을 하는 체격 좋은 사람, 벤치에
앉아 호수를 바라보는 사람, 보온병에 담아온 차를 마시며
담소하는 사람들이 있지요. 그들을 보고 있으면 마음이
편안해집니다.

한번은 밀짚모자와 장화 차림을 한 사람이 제 앞을

지나갔습니다. '어라, 공원에 농부라니?' 저는 눈으로 그를
놓치지 않고 따라갔습니다. 그런데 그는 곧 풀숲 속으로
사라졌고, 저는 호기심이 발동해 그가 사라진 풀숲 가까이
가보았습니다. 그랬더니 예상치 못한 새로운 광경이
나타나는 게 아니겠어요? 농부가 사라진 풀숲에는 그동안
무심코 지나쳤던 텃밭이 있었습니다. 성인이 누우면 딱
맞을 만한 크기의 고랑이 가지런히 정돈되어 있었고,
고랑마다 꽃과 식물들이 다채롭게 심겨 있었습니다.

입구에 있는 '텃밭 알림판'에는 올해 텃밭을 배정받은
사람들의 이름과 텃밭 번호가 안내되어 있었습니다. 밭에는
몇몇 사람들이 무언가를 따는 듯 심는 듯 쪼그리고 앉아
있었고, 저를 이곳으로 이끈 농부도 한쪽 밭에서 물을 대고
있었습니다. 저는 땀 흘리며 일하는 사람들과 그들이 심은
식물들이 귀여워 한 발 더 가까이 다가가 구경했습니다.
그랬더니 어떤 밭은 채소가 가득 심겨 있어 채식주의자의
밭인가 싶었지만, 꼼꼼히 살펴보니 상추 한 줄, 고추나무 한
줄, 깻잎 한 줄, 치커리 한 줄…. 전부 쌈 채소가 아니겠어요?
아뿔싸! 이것은 육식 파의 채소 한 상 같습니다. 어느 날 밭
주인이 잘 자란 채소를 따서 지인과 함께 삼겹살 파티를
하지 않을까 생각했습니다. '이게 다 내가 기른 귀한

무농약채소야!'라고 뽐내면서요. 그 옆 밭은 줄줄이 옥수수, 옥수수, 옥수수, 옥수수입니다. 못 먹어도 고! 직진하는 그런 성격의 텃밭 주인이 아닐지 상상해 봅니다. 분산투자보다는 달걀을 오롯이 한 바구니에 담는 것을 선호하는 박력 있는 주식투자자의 텃밭이 아닐까요?

다음으로는 맨드라미 한 줄, 봉숭아 한 줄, 카네이션 한 줄, 이름 모를 꽃 한 줄…. 아무래도 우리 아파트 십오층의 아주머니 같습니다. 늘 흐트러짐 없이 정돈된 세팅 머리에 고운 화장, 긴치마에 양산을 들고 성당에 가는 아주머니가 떠오릅니다. 건너편 밭에는 배추 한 포기, 고추나무 두 개, 상추 모종 한 개, 호박, 가지 등 다품종의 텃밭도 있습니다. 병충해에도 끄떡없고, 농약을 뿌리지 않고도 수확량이 많은 식물을 찾기 위한 작은 실험실이 아닐까 짐작해 봅니다. 이건 아무래도 진지하게 농사를 준비하는 미래의 귀농인이 그린 빅 픽처 텃밭은 아닐까 싶습니다.

다양한 텃밭을 구경하고 나니 저도 그 사이에 껴보고 싶은 생각이 듭니다. 만약 내년에 텃밭 분양을 신청해 운이 좋게도 당첨된다면 (김칫국부터 마시는 격이겠지만) 어떤 작물을 심으면 좋을지 미리 고민해 봅니다. 음, 저는 작고 예쁜 오렌지를 좋아하니 오렌지 묘목을 심어보면 어떨까

싶습니다. 상큼함의 상징인 오렌지 나무라…. 상상만 해도 즐거워집니다. 그런데 잘 열매 맺은 오렌지 나무는 누가 봐도 예쁘고 탐스러우니, 어쩌면 누군가의 서리 대상이 될 수도 있겠지요. 오렌지가 탐스러워질수록 걱정도 커져 갈 테지요. 아, 노심초사하며 좌불안석하는 제모습이 떠오르네요. 이런 상상만으로도 벌써부터 심란해집니다, <u>끄</u>응.

(코쿤캅)

저에게 '휴식' 하면 떠오르는 나라는 단연 태국입니다. 사시사철 따사로운 태국은 수도인 방콕 시내에서 차로 두어 시간만 가도 물놀이하기 좋은 잔잔한 바다가 있고요. 그 바다 옆엔 하늘거리는 야자수가, 또 다른 편에는 구아바, 볶음면, 솜땀을 파는 노점들이 늘어서 있습니다. 시간이 느리게 흐르는 듯 한가로운 거리 풍경은 제게 휴식 그 자체입니다.

만약 아직 태국을 가본 적 없는 친구가 그중 제일 좋아하는 것이 무엇이냐고 묻는다면, 지금 저는 그림 작업의 마감이 코앞이라 다소 무리하며 일하고 있으니 '마사지 받기'라고

하겠습니다. 태국 거리 곳곳에는 편의점만큼이나 많은
마사지 가게가 있어요. 길을 걷다 지칠 때면 그때그때의
기분과 컨디션에 따라 마사지 가게에 갑니다. 눈을 감고
이 순간을 떠올려 봅니다. 은은한 조명과 몽환적인 명상
음악이 흘러나오는 가운데 마사지사가 저의 몸을 잘근잘근
눌러주고 돌려주고 꺾어줍니다. 마사지사의 숙련된 손길로
안마를 받다 보면 이제껏 저를 짓누르던 긴장과 피로가
풀리면서 어느새 중력을 벗어나 우주의 먼지가 된 것처럼
현실의 무게로부터 벗어납니다.

"마담, 오케이! 피니시카—"

상냥한 마사지사의 목소리가 비몽사몽 하는 저를 현실로
부릅니다. 한 시간 반가량의 마사지가 끝났군요. 저는
정신을 차리고 비루한 몸을 돌봐주어 감사하다는 마음을
담아 두 손을 모은 채 태국식 인사를 합니다. 옷깃만 스쳐도
인연이라는데 이렇게 긴 시간 동안 살뜰하게 보살펴 주시니
전생이 있다면 그때 우리는 서로 도움을 주고받았던
호혜적인 관계는 아니었나 싶습니다.
'감사함은 물질로 표현해야 한다'는 평소 어머니의
조언대로 감사한 마음을 팁으로 대신합니다. 그런데 항상

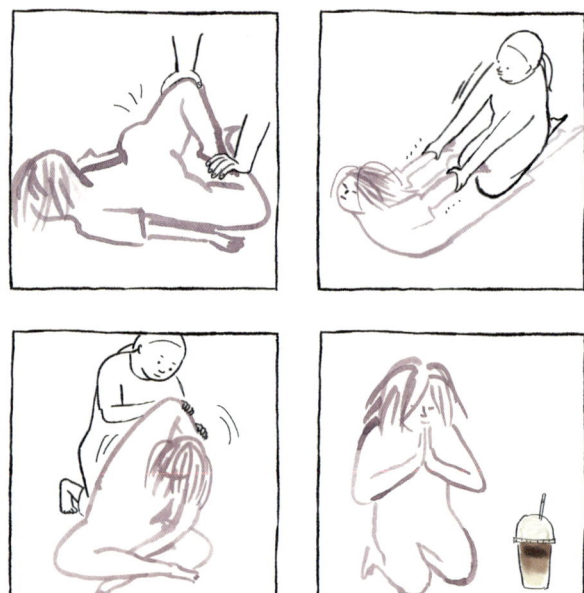

고민이 됩니다. 팁은 얼마가 적당할까요. 마사지 금액에
따른 일정 비율이 있다, 일괄적으로 얼마가 적당하다
등 인터넷상에 이런저런 의견들이 분분하지만 와닿지
않습니다. 팁에 관해 스스로 기준을 만들어 두면 차후에
지금처럼 고심하며 쭈뼛거릴 일은 없지 싶습니다.

그러다 우연한 계기로 그 답을 찾았는데, 마사지를 받은
후 나른해진 몸을 추스르고자 근처 카페에서 커피 한잔을
마실 때였습니다. 반쯤 마셨을 때 문득, "이거야! 돌체라테!"
감사의 인사로 연유가 듬뿍 들어가 달콤한 돌체라테를
대접한다고 상상해 보았습니다. 그리고 그 금액 정도의
팁을 건네면 어떨까 싶었습니다. 부담 없이 고마움을
표현할 때 "고마워, 내가 차 한잔 살게"라고 하는 것처럼
말이지요. 코쿤캅!

(쇼츠 보기)

틈날 때마다 쇼츠 보는 것을 좋아합니다. 그 틈은 주로 식사를 하고 났을 때, 일이 손에 잡히지 않아 멍하니 있을 때, 알람을 맞추고 잠들기 전입니다. 쇼츠는 말 그대로 몇십 초 길이의 영상물이다 보니, 짧은 시간에 여러 편의 재미난 이야기를 볼 수 있어 마음이 느슨해지는 자투리 시간에 제격입니다. 지금부터 최근에 본 쇼츠 몇 개를 소개해 보겠습니다.

태국의 한 동물원에서 거대한 코끼리가 관광객의 모자를 능숙하게 벗겨 입에 넣는 척 장난을 칩니다. 관광객을 놀리듯 장난을 치는 코끼리를 보니 과연 코끼리는 유머를

아는 고등동물임이 틀림없는 것 같습니다. 또 다른
코끼리는 화가가 되어 코로 붓을 쥔 채 맞은편 밀림을
바라보며 풍경화를 척척 그립니다. 정말이지 놀랄 노
자입니다.

태국의 코끼리 영상에 이어 이번엔 중앙아메리카로 갑니다.
이곳은 멕시코에서 열린 브루노 마스의 콘서트장입니다.
뜨거운 열기 속에 댄서들과 함께 〈that's what I like〉를
신명 나게 부르는 그를 보자 묵직했던 하루의 피로가 눈
녹듯 사라지며 그들과 한마음이 되어 마음속으로 야광봉을
신나게 흔들었습니다. '그치, 내가 지금 원하는 게 바로
이거지!'

그 다음엔 이베리아반도에 있는 스페인입니다. 수영복을
멋있게 입으려면 평소에 몸매 관리를 틈틈이 해야 하지요.
많은 사람들의 이런 마음을 잘 안다는 듯, 스페인 어느
가정집 거실에서 요가 바지를 입은 근육질의 남자가 가슴
처짐을 맨손 운동으로 예방할 수 있다며 시범을 보입니다.
단단한 몸을 가진 사람이 진지하게 운동 방법을 하나하나
설명하며 시범을 보이니 매우 믿음직합니다. '이런 건
저장해 두고 틈나는 대로 따라 해야지!'

이제 북아메리카로 갑니다. 미국의 한 야외 수영장에서

삼십 대 정도로 보이는 여성이 돌고래처럼 물살을 가르며 새벽 수영을 합니다. 제가 수영인이어서 그런지 신기하게도 그가 가르는 푸른 물의 온도와 물살의 감촉이 그대로 전해져 저의 몸이 청량해지는 것 같습니다. 평소 인구밀도가 높은 동네 수영장에서 뒷사람에게 쫓기듯 헤엄치다, 여유롭게 수영하는 영상을 보니 그 여유로움과 자유로움이 그대로 느껴집니다.

그 밖에도 유럽의 어느 농가에서 당나귀를 안고 자장가를 불러주는 어떤 이의 다정한 모습, 집채만 한 러시아 곰을 강아지 다루듯 어루만지는 대범한 사람의 모습, 또 산책 다니는 개가 어느 날은 염소를, 또 어느 날은 사슴을, 또 다른 날은 새끼 곰을, 어떤 날에는 송아지를 데려와 주인에게 "친구를 데려왔어요" 하고 서 있는 모습은 사랑스럽기 그지없습니다. 그러고 보니 동물 친구들이 제 쇼츠에 많이 뜨는군요. 그 귀엽고 사랑스러운 모습을 보고 또 보고 합니다. 누워서 인터넷으로 세계 곳곳을 누비니 시간 여행자가 따로 없습니다.

(나의 괴식)

음식은 혼자 먹는 것보다 함께 먹는 것이 더 맛있다고 하지요. 그럼에도 나누기 어려운 음식이 있습니다. 내 입에는 맞지만 조금은 특별해서 누군가와 함께할 수 없달까요. 저에게는 냄비째 들고 소파에 앉아 먹는 저만의 괴식이 있습니다. 그중 가장 양호한 음식을 소개하자면 '스피드 건강 카레'와 '미역 떡볶이'가 있습니다. 식이섬유가 풍부한 현미밥 위에 전자레인지에서 막 꺼낸 따끈따끈한 삼분 카레를 가득 부은 후, 베타카로틴이 풍부해 눈에 좋다는 당근 라페를 수북이 얹고 통 아몬드를 한 줌 올립니다. 그리고 끝으로 오메가3가 풍부한 생들기름을 뿌리면 완성되는 '스피드 건강 카레'가 그것입니다.
건더기가 적은 레토르트 식품의 아쉬움을 신선한 채소와
견과류로 채우니 간편할 뿐 아니라 맛도 있고 건강까지
돌볼 수 있어 그야말로 삼위일체를 이루는 완벽한 음식이라
할 수 있습니다. '미역 떡볶이'도 그렇습니다. 일반적인
레서피로 떡볶이를 만든 다음, 불린 미역을 듬뿍 넣어
보글보글 끓여줍니다. 그리고 불을 끄고 양파 플레이크를
고명으로 올리면 완성이지요. 떡볶이 소스 맛이 밴 미역을
먹으면 짭조름한 바다 맛을 느낄 수 있고, 무기질과 철분,
칼슘을 풍부하게 섭취할 수 있어 건강한 한 끼 식사가
됩니다.

그리고 한 가지 더 이야기하자면 양식이 생각날 때 해 먹는
'곁들인 냉동 피자'가 있습니다. 세상에서 제일 맛있는
피자는 '갓 구운 피자'라고 생각합니다. 그런데 아무리
번개처럼 배달된다고 해도 갓 구웠을 때의 그 따끈따끈함은
배달되지 않습니다. 그런 저에게 냉동 피자는 배달
피자의 아쉬운 대체품이 아닌 그 자체로 머지않아 실현될
완성품입니다. 냉장고에서 냉동 피자를 꺼내, 썬 드라이드$^{\text{sun dried}}$
토마토와 모짜렐라 치즈를 고루 뿌리고 오븐에 십여
분가량 굽습니다. 따끈한 피자 위에 엄마가 주신 흑마늘과
시금치나물을 얹고 파르메산 치즈를 양껏 뿌립니다. 피자에

흑마늘을 넣는다며 '헉' 하고 놀라실 수도 있겠지만 잘 만들어진 흑마늘은 마늘 특유의 알싸함은 싹 사라지고 달콤함과 새콤함, 스프레드 치즈 같은 부드러움만 남아 치즈의 풍미를 더해줍니다.

하지만 건강에도 좋고 맛도 나름 괜찮다 해도 이 음식들을 다른 사람에게 권하기에는 조금 무리가 있는 것 같습니다. 아무래도 낯선 형태와 식감, 다소 오묘한 맛이 어우러져 있기 때문입니다. 대체로 우리는 익숙한 걸 좋아하기 마련이니까요. 그렇지만 다양한 재료를 한그릇에 넣고 섞어 먹는 비빔밥도 어쩌면 누군가의 괴식에서 시작되어 지금은 한국을 대표하는 음식이 된 것은 아닐까 생각해 봅니다. 저의 괴식도 언젠가는 사람들 앞에 당당히 내놓을 수 있는 요리로 거듭나기를 바라는 것은 무리일까요.

(좋아하는 소리들)

쿠와앙 — 쫄쫄쫄 — 쿠와왕 —
쫄쫄쫄 — 쿠와왕 — 졸졸쫄 —
통돌이 세탁기 세탁조가 좌우로 돌아갈 때 물결 일어나는 소리.

토독 — 토독 — 토톡 — 토톡 — 토토독 —
고양이가 발 매트를 신나게 뜯는 소리.

두우우웅, 툭! 두우우웅, 툭! 두우우웅, 툭!
옷에 달린 플라스틱 단추가 건조기 안에서 스테인리스 통과

부딪치며 규칙적으로 내는 소리.

와아아앙 — 와아아앙 — 크와아아앙 —
전원 버튼을 누름과 동시에 커피 머신에서 들리는 힘찬
모터 소리.

우웅 — 쪼록, 우우웅 — 쪼록, 쪼록, 우우웅 —
늦은 저녁 식기 세척기에서 물 떨어지는 소리.

쿠우우 — 쿠우우 — 쿠우우 — 쿠우우우 — 크우우 —
고양이가 태평하게 코 고는 소리.

오오옴 — 오오오옴 — 오 오 오옴 — 오 오 오옴 —
불교 수행자의 입에서 나는 것 같은 깊고 나지막한 냉장고
소리.

이 소리들은 낮은음으로 일정한 리듬이 반복된다는
공통점이 있습니다. 일상에서 듣는 기분 좋은 작은
소리들은 마음을 편안하게 만들어 줍니다. 어릴 적 가끔
언니들의 방으로 가서 "언니, 등 조금만 쓰다듬어 줘"라고
부탁하곤 했습니다. 배를 바닥에 대고 엎드리면 언니는

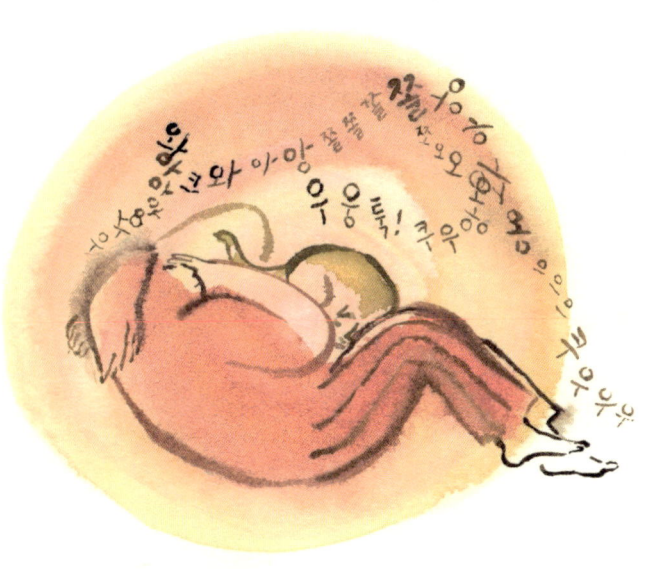

등을 부드럽게 토닥— 토닥— 토옥— 토옥— 두드려주고
머리카락 사이에 손가락을 넣어 사악— 사악—
삭— 손 빗질을 해주곤 했지요. 그러고 나면 밤에 대한
알 수 없는 어린이의 불안감이 사그라지면서 스르르
눈꺼풀이 감겼습니다. 솔솔 오는 잠이 얼마나 달콤하고
반가웠던지요. 여러분도 여러분만의 좋아하는 소리가
있으신가요, 쿠울쿨.

미물 같은 귀여운 털북숭이가
큰 위로가 되는 밤입니다.

밤의 고양이는

살며시 들어와

자리를 잡는다네...

(프로젝터)

오래되어 언제인지 기억 나지 않지만, 방 안에 있던 텔레비전을 거실로 옮기고 방에는 프로젝터와 침대를 남겨두었습니다. 그리고 쉴 때면 침대에 누워 프로젝터로 〈인간 극장〉 같은 TV 프로그램이나 오래된 영화를 봅니다. 따로 프로젝터 전용 스크린이 없어 침대 맞은편 벽을 사용하지요. 미색 종이 벽지를 바른 벽은 세월의 흔적으로 군데군데 갈라지고 금이 가 건조한 겨울에는 화면 곳곳에 실금이 도드라집니다. 여름이 되면 스크린 벽은 또 다르게 변화합니다. 고온 다습한 날씨로 벽지가 습기를 잔뜩 머금다 보니 등장인물의 얼굴이 미묘하게 틀어져 의외로 독특한 분위기가 납니다.

저는 화려한 움직임과 현장감이 두드러지는 액션 영화보다 주인공의 감정을 따라가는 멜로 영화를 좋아합니다. 다행히도 프로젝터가 영화의 낭만적인 분위기를 한층 더 배가합니다. 프로젝터가 연식이 있다 보니 해상도가 높지 않아 촛불을 켜 놓은 듯 은연한 분위기를 내서 야릇하고 로맨틱한 장면에 더욱 몰입하게 합니다. 멜로 영화에도 가끔 예상치 못하게 폭력적인 장면이 등장하지만, 흐릿한 화질 덕분에 한 발치 떨어져 보는 듯 마음 졸이지 않고 감상할 수 있지요.
그렇지 않아도 화질이 흐린데 한낮에는 밝은 햇살이 더해져 화면 속 인물과 배경이 잘 구분되지 않습니다. 이를 보다 못한 지인은 제게 신제품을 권했지만, 저는 이대로도 충분히 만족스럽습니다. 아마도 저는 선명함에서 오는 강렬함을 그렇게 좋아하지 않는 것 같습니다.
가끔 매콤해서 자극적인 불족발을 시켜 먹기도 하지만, 보통은 심심하기 짝이 없는 강냉이를 즐겨 먹습니다. 영상 시청에 관한 제 취향도 강냉이 맛에 더 가까운 것 같습니다. 제게 있어 오래된 프로젝터의 흐릿함은 아련함이요, 편안함입니다. 덜 보이면 덜 보이는 대로, 덜 들리면 덜

들리는 대로 지내는 것도 때로는 좋은 것 같습니다. 어릴 때 미국 드라마 〈소머즈〉나 〈육백만 불의 사나이〉를 보며 그들의 초능력을 부러워했는데, 지금 생각해 보니 청각, 시각 같은 감각기관이 유독 발달한 사람들의 세상살이는 얼마나 피곤할지 생각하는 것만으로도 숨이 차고 피곤합니다. 신이 있어 혹시라도 그런 능력을 저에게 준다고 하신다면 양손으로 손사래를 치며 도망가겠습니다, 아이고 걸음아 나 살려.

(지인의 민박집)

쉬지 않고 일했으니 휴식이 필요하죠. 한번은 언제 가을이 오고 겨울이 갔는지 모르게 바쁘게 시간을 보낸 후 쉬기도 할 겸 지인 A 씨도 만날 겸 제주도로 떠났습니다. 그날 오후 지인 A 씨의 게스트하우스에 당도하자 그는 제가 메고 온 배낭을 들어 제가 당분간 머물 이층 방에 놓은 후, 오느라 고생했다며 딱새우를 듬뿍 넣은 라면을 끓여주었습니다. 정성스런 라면을 남김없이 다 먹고 나자 그는 이웃에서 얻은 귤과 장터에서 산 술빵을 간식으로 나눠주며 산책하기 좋은 동네 명소를 알려주었습니다. 기분 좋은 환대를 받은 그 날 저녁, 게스트 하우스 안마당에서 바비큐 파티가

열렸습니다. 다른 여행객 두 명과 저는 시원한 맥주를
마시며 지인이 굽고 있는 (조금 과장을 보태어) 롱맨
영어 사전만큼 두툼한 고기를 군침을 삼키며 기다리고
있었습니다. 지인은 잘 구워진 고기를 접시에 담아 주며
현지인만이 알 수 있는 제주살이에 대해 이런저런 이야기를
해주었어요. 제주도로 건너온 육지 사람이 겪는 고충도요.
그는 제주도로 이사와 게스트 하우스를 지으면서 토박이
주민과 마찰을 빚기도 했고, 옆집 할머니와 사소한 일로
신경전을 벌이기도 했지만, 지금은 텃밭 채소를 나누는
사이가 되었는데 이 과정이 결코 쉽지 않았다고 했어요. 또
업체에 맡긴 청소와 빨래가 마음에 들지 않아 결국 직접
하고 있다고도 했습니다. 제주에서의 삶은 육지에서 온
여행자가 생각한 것과 꽤 달랐습니다.

이런저런 이야기를 나누다 보니 밤은 한층 깊어졌고,
다들 술기운이 거나해져 밤하늘에 빛나는 별들을 남겨둔
채 각자의 방으로 들어갔습니다. 방으로 돌아온 저는
혼자만의 시간과 공간이 주는 오롯함에 취해 있다 욕실로
들어갔습니다. 쏴 하는 소리를 온몸으로 맞으며 시원하게
샤워를 하니 몸과 정신이 상쾌했지요. 다 씻은 후 개운해져
콧노래를 부르며 욕실을 나서는데 수챗구멍에 둥글게
말린 제 머리카락을 보게 되었어요. 순간 화장실을 직접

청소한다는 지인의 말이 떠올랐습니다. '앗! 이런. 그가 내일 청소하러 와서 욕실 수챗구멍에 엉킨 내 머리카락을 보고 흉을 보면 어쩌지.' 저는 휴지로 머리카락이 보이지 않게 잘 싸매 쓰레기통에 버렸습니다.

휴. 약간의 수고로움으로 마음이 편해지자 다시 여행자 모드가 되어 낮에 편의점에서 사 온 맥주와 과자를 꺼내 먹으며 혼자 있음을 즐겼습니다. 평소 저녁 식사 후에 간식을 금지하던 저만의 규칙에서 벗어나니 그렇게 즐거울 수가 없더군요. '아하하, 여행은 이 맛이지!' 양파링을 벗 삼아 제주 에일을 마신 후 빈 캔과 과자 봉지를 대충 정리하고 흡족한 마음으로 자리에 누우려는 그 순간, 손님들이 구분 없이 버린 쓰레기를 종일 정리한다는 그의 말이 또다시 떠올랐습니다. 다시 일어나 집에서 재활용 통을 정리하는 것보다 더 신경을 써 다 마신 맥주 캔의 내용물을 털고 물로 야무지게 헹군 다음 꾸욱 눌러 납작하게 만들었습니다. 그리고 과자 봉지는 각을 맞추어 절반으로 접어 정리했지요. 그렇게 재활용품을 다 정리해 놓으니 다시 마음이 편해졌습니다.
다음 날, 숙소 근처의 미술관에 가기 위해 방을 나서려는데 저도 모르게 머물던 곳을 한 차례 둘러보게 되었습니다.

물건들이 가지런히 정돈되어 있는지 어질러진 곳은 없는지
꼼꼼히 살폈습니다. 지인에게 방 청소를 할 필요가 없다고
미리 말해두었지만, 혹시 몰라 대청소라도 하듯 꼼꼼히
청소하고 떨어진 머리카락이 없는지 재차 확인 후 외출을
했지요.

그렇게 게스트 하우스 생활에 적응할 무렵 어느새 여행은
끝이 났습니다. 지인의 배웅을 받으며 공항 가는 버스를
타고, 몇 시간 후 서울행 비행기에 탑승했습니다. 가방을
기내 수하물 칸에 넣고 지정된 좌석에 앉자, 잔잔한
피로감이 파도처럼 몰려왔습니다. 잘 쉬고 집에 간다고
생각했는데 이 피로감은 어디서 오는 거지….' 제주 섬의
아름다운 풍광과 지인의 살뜰한 배려로 사박 오일을
보냈는데 말이지요. 그러다 문득 머리카락을 흘리진
않았는지 살펴보고, 분리수거가 잘 되었는지 마음 쓰던
모습이 떠올랐습니다(지인은 편히 쉬고 가길 바랐겠지만요).
어쩌면 저는 호텔처럼 익명성이 보장되어 누군가를 신경
쓰지 않아도 되는 공간에서 제대로 쉴 수 있는 사람이
아닐까 생각해 봅니다. 그곳에서 머무는 동안 폐를 끼치지
않으려고 지나치게 조심하다 자승자박이 된 모양새라니.
그런 점에서. 이번 제주행은 제게 맞는 휴식이 무엇인지
생각하게 된 의미 있는 여행이었습니다.

"승객 여러분, 저와 승무원들은 여러분의 안전을 위해 최선을 다하겠습니다"라는 기장의 경쾌한 목소리를 들으며 다음 휴가지를 궁리합니다. 창밖에 펼쳐진 흰 뭉게구름이 제 마음에도 가득 찹니다.

선잠에서 자꾸만 깨는 이여,
부디 평안한 밤 되시길…

(무장해제)

옷을 잘 입는 방법 중 하나는 체형의 장점을 살리고
단점을 보완해 입는 것이라고 생각합니다. 저는 엉덩이와
허벅지에 살이 많아 딱 떨어지는 일자바지보다 허리에
주름이 있고 바짓단이 좁아지는 항아리 모양의 바지를
선호합니다. 항아리 모양의 바지와 조화롭게 어울리도록
상의는 패드가 있는 브래지어를 입어 가슴선을 봉긋하게
보이게 하지요.
제게 어울리는 스타일로 단점을 보완하는 코디를 하고
나면 겉으로 드러나 보이는 결점이 조금은 가려져
실제보다 멋진 사람이 된 기분입니다. 이렇게 꾸미고 나면

카페에서 같이 작업하는 그림 친구나 서로 집안 사정을 이야기하는 친한 친구도 제 신체적 결점을 알아차리지 못하는 것 같습니다.

그런데 말입니다. 신체의 결점을 가릴 수 없는 관계가 있습니다. 바로 옷을 훌훌 벗고 샤워실에서 몸을 꼼꼼히 씻어야 하는 수영장에서 만나는 친구입니다. 대중목욕탕에서도 벗고 씻지만, 목욕탕에서 마주치는 사람들은 자주 볼 일이 없으니 크게 문제 될 것이 없습니다. 하지만 수영장에서 사귄 친구는 다릅니다. 같은 시간에 같은 레인을 쓰며 자연스럽게 인간관계가 형성된 친구이다 보니 제가 평소에 교묘하게 감춘 뱃살, 청소년기에 급격히 살이 찌면서 생긴 허벅지의 세로로 튼 살, 튼튼한 팔뚝, 통짜 허리까지 모든 걸 알고 있습니다. 가릴 수가 없으니 감추고 포장할 도리가 없지요. 불가피한 무장해제랄까요. 그래서인지 꾸미지 않은 나를 그대로 보여주고 마음에 들지 않는 신체의 콤플렉스까지도 스스럼없이 드러낼 수 있습니다. 오랫동안 서로의 일상을 켜켜이 쌓아온 사이는 아니지만, 시간을 뛰어넘는 오묘한 유대감이 있지요. 역시 서로의 결점을 공유할 때 관계는 더 깊어지는 것 같습니다.

그러고 보니 제가 가장 편안하게 이야기를 터놓는
친구들은 모두 수영장에 있네요.

(수영 존엄)

수영 수업 전 샤워를 하며 문득 떠오른 생각에 관해 말해야겠습니다. 우리 신체의 한 부분에서 비롯된 것인데요, 너무 작고 존재감이 희미해 자칫하면 소홀하기 쉬워 생각난 김에 꼭 말해야 할 것 같아요. 이것은 백 번 천 번을 말해도 부족하지 않을 만큼 진심으로 강조하고 싶은 것입니다. 바로 말씀드리고 싶지만 이 이야기를 하려면 수영의 호흡에 대해 먼저 짚어야겠습니다. 궁금하시더라도 잠시만 기다려주세요.

수영할 때는 입으로 숨을 들이마시고, 코로 내뱉습니다.

자, 지금 물속에서 수영을 한다고 상상해 보세요. 물속에 얼굴을 담갔다가, 물 밖으로 고개를 내밀며 코로 숨을 내쉽니다. 바로 이 순간, 아주 적절치 않은 무언가가 자신의 존재를 드러낼 수 있습니다. 무엇일까요?

네, 바로 콧속 이물질입니다. 투명할 수도 있고, 하얀빛을 띤 채 반투명할 수도 있는 이 물질은 수영으로 붉어진 얼굴 위로 가느다란 형태를 띠며 강렬한 존재감을 선보입니다. 제가 그 상황의 주인공이라면 두말할 필요도 없이 부끄럽고 창피해 그 자리에서 사라지고 싶은 기분일 겁니다. 같이 수영하는 누군가가 이 상황의 주인공이 되고 저는 조연이 되어 주인공에게 이 비보를 알려주는 역할이라 할지라도 난감하기 짝이 없습니다. 도저히 아무렇지 않게 "저 실례지만 코에서 뭔가가 나왔어요"라고 말해주기란 정말 어렵습니다. 설사 용기 내 말한다 해도 그 당사자가 "아, 그런가요, 알려주셔서 고맙습니다"라고 쿨하게 받아들이면 좋겠지만, 얼굴을 붉히며 어찌할 바를 몰라 하는 모습을 보게 될 것 같아, 심지어 이날 이후 부끄러운 나머지 저를 피해 다니게 될 것 같아 선뜻 입을 열기가 쉽지 않습니다.

언젠가 강사 선생님이 물속에서 시범을 보이고 물 밖으로 고개를 들었는데, 그만 코의 이물질이 나와 자신의 존재를

과시하고 있었습니다. 수업을 듣던 우리는 모두 어찌할 바를 몰라 했지요. 말씀을 드릴 수도 없고, 그렇다고 그대로 두자니 괜히 선생님을 농락하는 것 같고 말이지요. 그런데 다행스럽게도 지혜로운 어르신이 스리슬쩍 선생님에게 귀띔해 주어 아무 일 없었다는 듯 불편한 상황은 마무리되었습니다.

그날 저는 깨달았습니다. 얼굴에서 '코'는 수영 전문가도 어쩔 수 없는, 지키고자 한다 해도 백 퍼센트 지켜지지 않는 구역이라는 것을요. 코에서 분비된 겔 상태의 물질은 청결 문제를 넘어서 한 개인의 존엄에 관한 일이라고 봐야 할 것입니다. 수영을 하면서 코 분비물로 곤란을 겪어본 수영인이라면 격하게 고개를 끄덕이실 테지요. 자, 여러분 중 수영을 앞두고 있는 분이 계신다면 샤워기로 콧속을 꼼꼼히 세척하시길 당부드립니다. 그리고 마무리도 잊지 마세요. 힘껏 크흥!

(수영하는 하루)

광화문에 자주 가는 카페가 있습니다. 그 카페의 이름은
'커피스트'. 상호에 걸맞게 커피를 정성껏 내려주기에 얼마
전에도 그곳에서 고등학교 시절의 단짝 친구를 만났습니다.
달콤한 비엔나커피를 앞에 두고 이야기를 나누다 친구는
제게 요즘에도 수영하러 다니는지 물었고, 자신도 수영을
배우고 싶지만 수영장 물이 깨끗하지 않을 것 같아
꺼림칙해 선뜻 배우러 다닐 마음이 나지 않는다고 했어요.
그러고 보니 저도 한때 비슷한 걱정을 했습니다. 사각형
수영장 안에 여러 명이 동시에 들어가 어푸어푸 거칠게
호흡하며 수영을 하니 아무리 소독을 자주 한다 해도 과연

물이 깨끗할까 싶었지요.

처음에 저도 수영 배우기를 주저했어요. 게다가 노출 문제도 한몫했습니다. 그 당시 저는 지금보다 허벅지와 엉덩이가 더 튼실한, 여러모로 동글동글한 몸을 지니고 있어 몸의 어느 부위도 제대로 가릴 수 없는 수영복이 꽤나 부담스러웠습니다. 아무래도 수영은 러닝이나 사이클링, 테니스 같은 운동에 비해 배움의 허들이 높은 것 같습니다. 저는 친구에게 요즘 오리발을 끼고 수영하니 물찬 제비가 된 것처럼 속도가 빨라져 재미있다고 이야기했고, 친구는 여름휴가로 사박 오일 발리에 다녀올 예정이라고, 수영복을 준비해 가긴 하는데 수영을 못해 아쉽다고 했습니다. 우리는 해 질 무렵까지 이런저런 이야기를 나누다 휴가가 끝나면 다시 만나자는 약속을 하고 헤어졌습니다.

돌아오는 길에 수영을 주저하는 친구의 말이 마음에 남아 수영장 위생에 대해 생각해 보았어요. 돌이켜보니 아직은 낯선 수영장과 사람들을 의식해 탈의실에서 갈아입지 않고 미리 수영복을 입고 오는 초심자들이 있습니다. 이런 초심자들과 마주치면 수영복을 입기 전에 꼭 먼저 샤워를 해야 한다고 말해주기가 쉽지 않습니다. 그런데 다행히도 초심자가 마음 상하지 않도록 부드러우면서도 분명하게

알려주시는 어르신들이 계십니다. 수질을 수호하는 '수질
방범대'라고 할까요. 오랜 수력을 지닌 고참 선배님들
덕분에 속앓이를 하지 않아도 되니 얼마나 다행인지요.
이뿐 아니라 샤워실에서 신성한 종교의식을 치르듯
풍성하게 거품을 내어 구석구석 정성껏 씻는 사람들을
볼 때면, 자신이 좋아하는 공간을 청결하게 유지하고자
하는 마음이 엿보여 마음으로 박수를 치곤 합니다. 이렇듯
수고로움을 마다하지 않고 자발적으로 노력하는 수영인들
덕분에 수질에 대한 염려가 시나브로 사라졌다 생각하니,
다음 친구와의 만남에서 그에게 안심하고 수영을 시작해
보라고 자신 있게 말해야겠습니다. 덧붙여 차가운 물에
몸을 담그고 물을 가르며 나아가다 보면, 우리의 몸에 붙은
이런저런 일상의 소소한 염려쯤은 가르는 물살과 함께
사라져 버린다고요, 수영하는 삶은 꽤 즐겁고 홀가분한
삶이 될 거라고요, 슈욱슈욱.

(에필로그)

레고 블록을 쌓듯 현재는 과거 위에, 미래 또한 이제 과거가
된 현재 위에, 그렇게 과거 현재 미래가 단절 없이 연속되어
인생이 만들어짐을 잊지 말자고 매일 아침 생각합니다.
어느 날 평소 친분이 있던 편집자로부터 에세이 책을
내보자는 제안을 받았습니다. 제안을 받고 자연스레
떠오른 책이 로버트 풀검의 《내가 정말 알아야 할 모든
것은 유치원에서 배웠다》입니다. 이 책은 태어나 처음 읽은
에세이로 초등학생 시절 저는 언니의 방 책꽂이에 꽂힌
책의 제목에 이끌려 우연히 보게 되었습니다.

'내가 정말 알아야 할 모든 것을 유치원에서 배웠다니….'
풀검 씨의 책 제목은 '유치원을 졸업한 사람에게 그다음의
앎은 모두 덤'이라는 의미 같았습니다. 희소식이었습니다.
'아, 유치원만 졸업하면 되는 거였어!' 당시 첫째 딸을
대학에 보내고 둘째 셋째 딸의 대학입시를 준비해야 하는
엄마와 대학입시 당사자인 언니들을 보면서 저는 어른의
삶과 어른이 되어가는 여정이 녹록지 않다고 생각했지요.
미래에 대해 막연히 두려워하던 어린이의 마음 한편에 풀검
씨는 시원한 바람을 불어넣어 주었습니다. 전 이미 당당한
유치원 졸업자였으니까요.

며칠에 걸쳐 풀검 씨의 책을 흥미진진하게 읽었습니다.
그 책은 성인을 대상으로 한 만큼 어린이가 이해하기
난해한 부분도 있었지만, 어린이가 보기에도 작가의
위트와 발상이 남달랐기에 끝까지 읽을 수 있었습니다.
책을 다 읽고 나서도 여운이 가시지 않아 한동안 책을
곁에 두고 만지작거리다 보니 책 표지 하단의 출판사
이름까지도 기억하게 되었지요. 제 기억에 각인된 로버트
풀검 씨의 에세이를 처음 출판한 곳이 '김영사'입니다.
줄곧 어린시절을 잊고 지내다 몇 년 전 김영사에 다니는
편집자를 알게 되었고 이번에 에세이를 출간하자는

제안을 받은 것이지요. 머릿속 상념을 그림으로 표현하는 것에 익숙한 사람이 익숙하지 않은 글이라는 도구를 잘 사용할 수 있을지 며칠 동안 궁리하다 내린 결론은 '일단 해보자'였습니다. 어느 누구도 시도해 보기 전까지 그 답을 알 수 없으니까요.

그로부터 일 년이 지난 지금 다행히도 약속한 분량의 글을 썼습니다. 사소한 이야기도 친한 친구에게 스스럼없이 말하듯 그간 마음에 담아두었던 이야기를 쓰고 나니, 그 친구와 또 과거의 저 자신과도 사이가 더 돈독해진 것 같습니다. 바람이 있다면 저의 소박한 이야기가 여러분의 기억 속 작은 장면들과 닿을 수 있기를, 더불어 저의 이야기를 읽는 동안 만큼은 바쁜 일상에서 벗어나 작은 휴식과 위안이 되었으면 합니다.

오영은 드림.

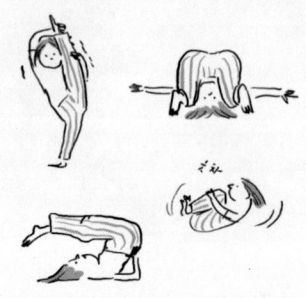

책에 나오는 책

《브리야 사바랭의 미식 예찬》장 앙텔므 브리야 사바랭 저 / 홍서연 역 / 르네상스(2004)